Elogios para

EL TERCER JESÚS

«En este fascinante estudio sobre las enseñanzas de Jesús, Deepak Chopra libera amablemente de la teología dogmática a este maestro espiritual sumamente evolucionado, luz del mundo e hijo de Dios».

—Hermana Judian Breitenbach

«Este libro contribuye a remediar la escisión entre Oriente y Occidente, subrayando que sólo existe una sabiduría y que ésta exige grandes esfuerzos de nuestra parte, sin importar la tradición de la que provengamos».

—Dr. Matthew Fox, autor de *One River, Many Wells: Wisdom Springing from Global Faiths*

«En su original reconstrucción del sentido íntimo de los Evangelios, Deepak Chopra nos recuerda aquel tercer Jesús, el maestro iluminado del conocimiento de Dios. Inquietará las mentes de los ortodoxos, y deleitará el espíritu de los místicos y los cristianos progresistas».

—Sam Keen, filósofo y autor de *Sightings: Extraordinary Encounters with Ordinary Birds*

«Un testimonio del carácter inagotable de la figura de Jesús: hombre sabio, reformador social, defensor de los pobres y, para algunos, Mesías».

—Rev. Patricia E. de Jong, Pastora Rectora, First Congregational Church of Berkeley, California

«El Dr. Chopra se sirve brillantemente de las palabras de Jesús para demostrar que su misión básica y su ética del amor nació de su conciencia de Dios». —Rev. Edward J. Ruetz

«La obra de Chopra enfoca con claridad las enseñanzas de Jesús con una percepción maravillosa y moderna desde el pensamiento de Oriente y Occidente».

—Ben Christensen, Decano del
San Diego School of Christian Studies

«Una mirada perceptiva y clarificadora sobre la vida de uno de los maestros espirituales más radicales que el mundo haya conocido».

—Michael Bernard Beckwith, autor de *Inspirations of the Heart*, *40 Day Mind Fast Soul Feast*, y *A Manifesto of Peace*

«En *El tercer Jesús*, Deepak Chopra despliega para nosotros el espíritu de Jesús y, con una reverencia que es a la vez sencilla y profunda, vuelve dicho espíritu asequible para nosotros en nuestras vidas cotidianas».

—Padre Paul Keenan, presentador de *As You Think*

«Chopra rescata a Jesús de la confusión de las escuelas de interpretación bíblica que no dejan de proliferar. Resuelve las contradicciones de las palabras de Jesús, agudiza nuestro entendimiento de sus enseñanzas y nos orienta para llevarlas a la práctica... Es un libro para leer, releer e incorporar en nuestra propia vida». —Dra. Bonnie Bobzien,
San Diego School of Christian Studies

DEEPAK CHOPRA

EL TERCER JESÚS

Deepak Chopra es autor de más de cincuenta libros de ficción y no ficción que se han convertido en textos clásicos sobre la salud y la espiritualidad además de en éxitos de ventas y han sido traducidos a más de treinta y cinco idiomas. Su programa *Wellness Radio (Radio Bienestar)* se emite semanalmente en Sirius Satellite Radio, canal 102, centrado en temas de éxito, amor, sexualidad y relaciones, bienestar y espiritualidad. Es el fundador de la Alianza por una Nueva Humanidad. La revista *Time* le acredita como uno de los cien héroes e iconos del siglo XX, y le considera como el «poeta-profeta de la medicina alternativa».

www.deepakchopra.com

TAMBIÉN DE DEEPAK CHOPRA

La curación cuántica

Salud perfecta

Vida sin condiciones

Cuerpos sin edad, mentes sin tiempo

Viaje hacia el bienestar

El camino de la abundancia

Peso perfecto

Las siete leyes espirituales del éxito

El retorno de Merlín

Energía sin límites

Digestión perfecta

El sendero del mago

Vencer las adicciones

El camino hacia el amor

Las siete leyes espirituales para padres

Poemas de amor de Rumi *(traducido por Deepak Chopra y Fereydoun Kia)*

Sanar el corazón

Tú eres inmortal

Los señores de la luz

Conocer a Dios

Manual de plantas medicinales del Centro Chopra (*con David Simon*)

Rejuvenezca y viva más tiempo *(con David Simon)*

Iluminación

Almas gemelas

Sincrodestino

El libro de los secretos

Fuego en el corazón

Las siete leyes espirituales del yoga *(con David Simon)*

Un comienzo mágico para una vida fascinante *(con David Simon y Vicki Abrams)*

Jamás moriremos

Buda

EL TERCER JESÚS

EL TERCER JESÚS

El Cristo que no podemos ignorar

DEEPAK CHOPRA

TRADUCCIÓN DE ISRAEL ORTEGA

VINTAGE ESPAÑOL
Una división de Random House, Inc.
Nueva York

PRIMERA EDICIÓN VINTAGE ESPAÑOL, JUNIO 2008

Información de catalogación de publicaciones disponible en la Biblioteca del Congreso de los Estados Unidos.

Vintage ISBN: 978-0-307-38916-9

www.grupodelectura.com

Impreso en los Estados Unidos de América
10 9 8 7 6 5 4

A los Hermanos Cristianos Irlandeses en la India
que me presentaron a Jesús cuando era un niño

ÍNDICE

Introducción 3

Primera parte
EL TERCER JESÚS

Redimir al Redentor 11
«Yo soy la luz» 29
«El Reino de Dios es interior» 47

Segunda parte
EL EVANGELIO DE LA ILUMINACIÓN

Leer lo que Jesús dijo 63
Amor y gracia 67
Fe 77
Revelación y redención 84
Jesús y el ser 92
Meditación 106

Contemplación 112
Oración 120
Karma: sembrar y recoger 127
El mundo como ilusión 136
Unidad 144
¿Quién es el Jesús «real»? 154

Tercera parte
ADOPTAR A JESÚS COMO MAESTRO:
GUÍA PARA LOS QUE BUSCAN

La búsqueda de una realidad superior 171
Cómo se abre el camino 211
En mitad del viaje 234
Donde el alma nunca muere 255
¿Qué haría Jesús? 270

EL TERCER JESÚS

INTRODUCCIÓN

Jesucristo dejó tras de sí un enigma que dos mil años de adoración no han logrado resolver. Ese enigma se resume en una pregunta: ¿Por qué resulta imposible vivir según sus enseñanzas? Afirmar que existe tal enigma alarmará a millones de cristianos. Los cristianos tratan de vivir según las palabras de Jesús. Aman, rezan, muestran compasión y practican la caridad en su nombre. Sin embargo, estas acciones meritorias y humanitarias, indicativas de un intento sincero de servir a Dios, no acatan el significado último del mandato de Jesús.

Las enseñanzas de Jesús eran mucho más radicales y místicas. Cuando yo era niño y vivía en la India oí hablar por primera vez de la Regla de Oro a los hermanos cristianos llegados desde Irlanda para dirigir nuestro colegio. El principio fundamental del cristianismo, que proviene de Mateo 7,

12, es lo bastante simple para enseñarlo a los niños: «Y así, haced vosotros con los demás lo que deseáis que hagan con vosotros». ¿Dónde está el enigma? ¿Qué podría considerarse aquí radical o místico?

Literalmente, la Regla de Oro exige tratar al enemigo como a un igual, lo que en esencia significa que no se puede tener enemigos. Jesús no dijo: «Escoge a la gente más agradable y trátala bien, tal como te gustaría que te tratasen a ti». Esa quizá sea la Regla Dorada, que es en lo que se convirtió la Regla de Oro en cuanto la gente se percató de que las enseñanzas de Jesús no se ajustaban a la naturaleza humana. Resulta natural amar a aquellos que nos aman, no a aquellos que nos odian. Resulta natural devolver el golpe cuando nos atacan (desdeñando así otro principio fundamental pero imposible de acatar: No resistáis al mal). Pero Jesús no realiza tales concesiones. La mayoría de las palabras de Jesús más conocidas desafían a la naturaleza humana. Pon la otra mejilla. Ama al prójimo como a ti mismo.

Si las palabras de Jesús resultan demasiado radicales para vivir según ellas, ¿era esa su intención? ¿O acaso hemos malinterpretado a un guía espiritual que parece mostrarse tan directo, claro y simple? Yo creo que ha sucedido ambas cosas. Jesús trató de imponer una visión totalmente nueva acerca de la naturaleza humana, y, a no ser que te transformes, malinterpretarás sus enseñanzas. Puedes esforzarte toda la vida en ser un buen cristiano y no lograr hacer lo que Jesús dijo explícitamente.

Quiso inspirar un mundo renacido en Dios. Una perspectiva de ambición sobrecogedora. Nos dirige hacia un reino místico, el único ámbito donde la naturaleza humana puede cambiar radicalmente. Y es que tan solo en las profundidades del alma podremos amar al prójimo como a nosotros mismos, podremos evitar los obstáculos que impiden que hagamos por los demás lo que nos gustaría que hiciesen por nosotros. Al reino del alma Jesús lo llamaba Reino de Dios, y sin lugar a dudas pretendía que descendiese a la tierra. (Así en la tierra como en el cielo.) Dios debía sustituir al César como guía de los asuntos humanos, y todas las condiciones relacionadas con la existencia material cambiarían. Jesús no pudo expresarse con mayor claridad cuando anunció que la transformación total se encontraba cerca. De hecho, quizá fue ese el primer y más importante mensaje que quiso transmitir: «Desde entonces comenzó Jesús a predicar y a decir: "¡Arrepentíos, porque el Reino de los Cielos está cerca!"» (Mateo 4, 17).

Sin embargo, Jesús no logró imponer el reinado de Dios en la tierra y su enfoque radical se tergiversó tan solo una generación después de su muerte, mientras el primer cristianismo se propagaba a una velocidad e intensidad sorprendentes. Los discípulos que le habían seguido sabían sin ninguna duda que habían conocido a alguien de una relevancia revolucionaria. Pero los discípulos no hablaron con el mismo fervor acerca del lado más oscuro de su nueva fe. Se esforzaban por vivir siguiendo los mandatos de Jesús y, en muchos aspectos, fracasaban. Se enfrentaron entre ellos por el poder y discutieron por cuestiones doctrinales. Dudaban y temían que los persiguieran. Los celos y los deseos sexuales afloraron con sus exigencias de siempre. Un asunto tan básico como si seguir a Pedro o a Pablo como principal portavoz de Jesús distanció a los cristianos.

En la iglesia primitiva las disputas y los conflictos eran los mismos que en cualquier otra fe anterior. Salir de semejante caos, sobrevivir como seguidores del Mesías, era cuestión de vida o muerte. El resultado fue que el cristianismo tuvo que adecuar la visión de Jesús; lo contrario —la transformación completa de la naturaleza humana— se demostraba imposible. A los pocos que lo conseguían se les llamó santos, personas ajenas a este sucio y bullicioso mundo y a sus corruptelas.

En este libro argumento que cumplir el mandato de Jesús no es imposible. Sí, es radical y místico. Eso no ha cambiado. Pero el dilema subyacente —cómo vivir según la voluntad de Jesús— puede resolverse. De hecho, debe resolverse para que Jesús pueda tener un futuro significativo. Para encontrar la respuesta al enigma de Jesús debemos comenzar con una cirugía radical, para apartar al Jesús desgastado que todos conocemos (incluso aquellos que, como yo, no fueron educados en la fe de la iglesia). Esa versión tradicional de Jesús fue el resultado de un compromiso; acepta el fracaso esencial de la visión de Cristo, por eso debemos superarla.

Jesús no descendió físicamente de la morada de Dios en los cielos, ni regresó a ella para sentarse a la derecha de un trono. Haber alcanzado un estado de conciencia divino fue lo que lo convirtió en hijo de Dios. Eso fue lo que Jesús dijo una y otra vez cuando proclamaba «el Padre y yo somos uno». No distinguía entre los pensamientos de Dios y los suyos, los sentimientos de Dios y los suyos, las acciones que Dios deseaba que se realizasen y las realizadas por él. Soy consciente de que estoy citando las palabras básicas de Jesús, pero no nos queda más remedio que comenzar por el principio. «Radical» proviene de la palabra latina «radix» o «raíz».

Jesús llegó hasta la raíz de la condición humana y pretendió erradicar el sufrimiento, arrancarlo literalmente de raíz.

Pero mi compromiso con Jesús es además personal. Data de mi infancia, de cuando escuchaba oraciones cristianas en el colegio católico donde estudiaba y cánticos védicos en casa. Se me animó a respetar cualquier forma de fe, lo cual, lejos de ser un deber estéril, fue para mí un placer. En mi círculo de amistades podía visitar un hogar cristiano en Navidad sin sentirme extraño, lo mismo que cuando iba a un hogar musulmán o parsi durante sus festividades y prácticas sagradas. Crecí a comienzos de la década de 1950, y sería una ingenuidad afirmar que se trató de una época inocente en la historia de la India. Cientos de miles de hindúes y musulmanes sufrieron y murieron con la separación de India y Pakistán tras liberarse de los británicos en 1947. En tanto que uno de los «niños de la medianoche» de India (así llamados porque la India moderna nació la medianoche del 15 de abril de 1947), viví en la cúspide entre el idealismo y la violencia.

Ahora, sesenta años después, el mundo está cambiando de nuevo, de manera rápida y confusa. En la agitación del cambio se abre la posibilidad de renovar la visión radical de Jesús. El espíritu, al igual que el agua, solo permanece fresco cuando fluye.

He escrito en estas páginas lo que creo que el Nuevo Testamento significa realmente, ideas asombrosas expresadas con palabras sencillas. Nadie que desee situar a Jesús en el eje de su senda espiritual es un intruso, y nadie puede considerarse un iniciado si pronuncia de boquilla las palabras de Jesús pero no sana la culpa, el dolor y el sufrimiento.

Primera parte

El Tercer Jesús

REDIMIR AL REDENTOR

Jesús se encuentra en apuros. Hoy en día, cuando la gente le adora —o incluso cuando pronuncia su nombre— no es probable que el objeto de tal devoción sea quien ellos creen. Con el tiempo se ha creado un Jesús mitológico. Ha servido para dividir pueblos y naciones. Ha conducido a guerras destructivas en nombre de fantasías religiosas. El legado del amor que encontramos en el Nuevo Testamento ha sido mancillado por expresiones de intolerancia y prejuicios que hubiesen horrorizado a Jesús. Lo más triste es que los que alzaron las armas en nombre del amor se han apoderado de sus enseñanzas.

Hace poco, un católico no practicante me comentó: «En ocasiones siento cierta presión social para que regrese a mi fe, pero estoy muy afectado. ¿Puedo amar una religión que llama pecadores a los homosexuales pero que oculta a pedófilos entre su clero? Ayer, cuando iba al trabajo en el coche, escuché una canción que decía: "Jesús caminó sobre las aguas cuando en realidad debería haberlas surfeado", y ¿sabes qué?, me reí. De joven jamás lo habría. Ahora solo siento una levísima punzada de culpa».

Allí donde mires, una nube de confusión se cierne sobre el mensaje de Jesús. Para atravesarla hay que especificar a quién nos referimos cuando hablamos de Jesús. Hay un Jesús histórico, acerca del que sabemos muy poco. Hay otro Jesús del que se ha apoderado el cristianismo; fue creado por la Iglesia para satisfacer sus intereses. El tercer Jesús, sobre el que trata este libro, es tan desconocido que ni los más devotos cristianos sospechan de su existencia. Y sin embargo ese es el Cristo que no podemos —no debemos— ignorar.

El primer Jesús fue un rabino que hace muchos siglos vagó por las costas del norte de Galilea obrando milagros. Este Jesús todavía parece tan cercano que casi se le podría tocar. Lo imaginamos vestido de manera sencilla pero envuelto por un halo de gloria. Fue amable, sereno, pacífico, cariñoso y sin embargo ocultaba profundos misterios.

Sin embargo, ese Jesús ha desaparecido, barrido por la historia. Sigue presente como un fantasma, como una proyección de todas las cualidades ideales que deseamos tener pero de las que desgraciadamente carecemos. ¿Por qué no pudo haber existido una persona por entero cariñosa, compasiva y humilde? Si la llamamos Jesús y la situamos hace miles de años resulta posible. (Para los orientales su nombre podría ser Buda, pero el hombre es igual de mítico y encarna asimismo nuestras carencias.)

El primer Jesús no es por entero coherente, tal como demuestra una lectura atenta de los Evangelios. Si realmente era por entero pacífico, ¿por qué proclamó: «No penséis que he venido a traer paz a la tierra; no he venido a traer paz, sino espada»? (Mateo 10, 34). Si realmente era por entero cariñoso, ¿por qué dijo: «Y al siervo inútil arrojado a las tinieblas de afuera; allí será el llorar y el crujir de dientes»? (Mateo 25, 30). (En ocasiones la traducción es aún más severa, y Jesús ordena arrojar al infierno al «esclavo despreciable».) Si Jesús era humilde, ¿por qué decía que gobernaba sobre la tierra por encima de cualquier rey? El Jesús histórico fue, cuanto menos, un hombre de desconcertantes contradicciones.

Sin embargo, cuantas más contradicciones descubrimos, menos mítica se nos presenta su figura. El hombre de carne y hueso barrido por la historia debió de ser extraordinariamente humano. Para ser divino primero hay que ser rico en todas las cualidades humanas. Como dijo un famoso maestro espiritual indio: «El grado de iluminación se mide por lo cómodo que uno se sienta con sus contradicciones».

Además, millones de personas adoran a otro Jesús, uno que jamás existió, que ni siquiera se siente deudor de la destilada esencia del primer Jesús. Es el Jesús que han construido los teólogos y los eruditos a lo largo de miles de años. Es el Espíritu Santo, la Santísima Trinidad, el origen de unos sacramentos y más oraciones desconocidos por Jesús cuando habitó la tierra. Es también el Príncipe de la Paz en cuyo nombre se han desencadenado sangrientas guerras. No se puede aceptar a este segundo Jesús sin haber aceptado antes la teología. La teología fluctúa con la marea de los asuntos de la humanidad. La metafísica resulta tan compleja que contradice la simplicidad de las palabras de Jesús. ¿Habría debatido con religiosos eruditos sobre el significado de la Eucaristía? ¿Habría apoyado una doctrina que proclama que los niños están condenados hasta que se los bautiza?

El segundo Jesús nos adentra en el laberinto teológico sin una salida clara. Se convirtió en la base de una religión que ha dado lugar a unas veinte mil sectas, las cuales se dedican a discutir hasta la saciedad sobre cada hilo de las vestimentas de un fantasma. Pero ¿existe alguna autoridad, por elevada que sea, que pueda informarnos sobre lo que Jesús habría pensado? ¿Acaso no resulta contradictorio sostener que Jesús fue una creación única —la única encarnación de Dios— y al mismo tiempo declararse capaz de leerle la mente en relación a cuestiones actuales? En su nombre, el cristianismo se pronuncia sobre la homosexualidad, el control de la natalidad y el aborto.

Estas dos versiones de Jesús —tanto la esquemática figura histórica como la abstracta creación teológica— tienen para mí un componente trágico, pues las culpo de haber robado algo precioso: el Jesús que enseñó a sus seguidores a alcanzar la conciencia de Dios. Me gustaría ofrecer la posibilidad de que Jesús fuese, tal como proclamó, un verdadero salvador. No el auténtico salvador, no el único hijo de Dios. Más bien, Jesús personificó el nivel más elevado de la iluminación. Dedicó su breve vida adulta a describirlo, enseñarlo y transmitirlo a futuras generaciones.

Jesús intentó salvar al mundo mostrando a los demás el camino hacia la conciencia de Dios.

Tal interpretación del Nuevo Testamento no invalida al primer y al segundo Jesús. Sino que sirve para aclarar su figura. En lugar de historia perdida y teología compleja, el tercer Jesús ofrece una relación directa, personal y presente. Nuestro cometido consiste en ahondar en las Escrituras y demostrar que en ellas se halla un mapa que lleva a la iluminación. Me parece algo innegable; de hecho, se trata del mensaje de vida de los Evangelios. No nos referimos aquí a la fe tal como la define convencionalmente la religión. La fe convencional es lo mismo que creer, incluso cuando uno cree en lo imposible (Jesús caminando sobre las aguas), pero existe otra fe que nos permite alcanzar lo desconocido y lograr la transformación.

Jesús habló de la necesidad de creer en él como camino hacia la salvación, pero esas palabras fueron puestas en su boca por seguidores que escribieron décadas después. El Nuevo Testamento es una interpretación de Jesús por parte de gente que se sintió renacida pero también abandonada. Según el cristianismo ortodoxo no serán abandonados para siempre, pues Jesús regresará en la Segunda Venida para reclamar a sus fieles. Pero la Segunda Venida ha tenido veinte siglos para producirse, los devotos esperan que tenga lugar cualquier día de estos y todavía está por llegar. El concepto de la Segunda Venida ha ejercido un efecto bastante destructivo en las intenciones de Jesús, ya que pospone lo que debería ocurrir en la actualidad. La Tercera Venida, alcanzar la conciencia de Dios mediante el esfuerzo personal, ocurre en el presente. Utilizo ese término como metáfora de un cambio en el estado de conciencia que transforma las enseñanzas de Jesús en algo totalmente real y vital.

Cuando Jesús regrese

Imagina por un momento que eres uno de los judíos pobres, pescadores, campesinos o jornaleros, que ha oído hablar de un rabino errante que promete el Cielo, no a los ricos y poderosos, sino a tus iguales, a la gente más humilde de la sociedad. Un día —supongamos que era un día seco y caluroso, y en el desierto hacía un sol abrasador— subes la colina situada al norte del lago interior conocido como mar de Galilea.

En la cima de la colina, Jesús, sentado junto a sus más fieles seguidores, espera a que se haya congregado suficiente gente para empezar a predicar. A la sombra de los retorcidos olivos que salpican el paisaje bañado por el sol, tú también esperas. Jesús —conocido en hebreo como Jesse, un nombre bastante común— pronuncia un sermón que te impresiona; de hecho, te llega al alma. Promete que Dios te ama; es una afirmación directa, no te pide que cumplas las obligaciones de tu secta ni que respetes las antiguas y complejas leyes de los profetas. Es más, dice que Dios te quiere más a ti. En el mundo que vendrá, ustedes y los suyos recibirán las mayores recompensas, todo lo que les ha sido negado en este mundo.

El idealismo de esas palabras roza la locura. Si Dios les ama tanto ¿por qué les atormenta con crueles conquistadores romanos? ¿Por qué permitió que les esclavizaran y les obligaran a trabajar duramente hasta el día de vuestra muerte? Los sacerdotes de Jerusalén lo han explicado infinidad de veces: en tanto que hijo de Adán, tus pecados te han conducido a una existencia desdichada, cargada de miserias y esfuerzos sin fin. Pero Jesús no menciona el pecado. Expande el amor de Dios hasta lo increíble. ¿Seguro que lo has entendido bien?

> Tú eres la luz del mundo. Deja que tu luz brille ante todos los hombres.

Te compara con una ciudad situada en lo alto de una colina y cuyas brillantes luces impiden que permanezca oculta. Jamás te habían dicho algo ni remotamente parecido; ni siquiera tú te habías visto de esa manera.

> No juzgues a los demás, y no serás juzgado. Antes de retirar la paja en el ojo de tu hermano, aparta la viga del tuyo.
>
> Trata a los demás como te gustaría que ellos te trataran a ti. Esta regla resume por sí todas las leyes y las enseñanzas de los profetas.
>
> Pide, y te será entregado. Busca, y encontrarás. Llama, y la puerta se te abrirá.

¿Cómo explicar tu reacción ante este predicador, esos sentimientos encontrados de incredulidad y esperanza, recelo y dolorosa necesidad de creer? Deseaste echar a correr antes de que acabara, negar todo lo que habías escuchado. Ningún hombre en su sano juicio podría caminar por la calle sin juzgar a los ladrones, los carteristas y las prostitutas que ocupan las esquinas. Es absurdo asegurar que, en caso de necesitar ropa y alimento, basta con pedírselo a Dios. Y sin embargo, con qué belleza lo expuso Jesús:

> Contemplad los lirios del campo, cómo crecen: no labran, ni tampoco hilan. Sin embargo, os digo que ni Salomón con toda su gloria se vistió como uno de ellos. Reparad en los cuervos: no siembran, ni siegan, no tienen despensa ni granero; sin embargo, Dios los alimenta. ¿No valéis vosotros mucho más que ellos?

Pese a los años de dura existencia que convertían en mentiras las promesas de Jesús, mientras lo escuchabas lo creíste.

Continuaste creyendo mientras descendías de la colina casi al atardecer, y durante unos días sus palabras te obsesionaron. Hasta que se desvanecieron.

El paso del tiempo no ha alterado esta mezcla de esperanza y desasosiego. En cierta ocasión viví una experiencia relacionada con una de las enseñanzas más desconcertantes de Jesús: «Al que te hiera en una mejilla, preséntale también la otra» (Lucas 6, 29). Tal vez nuestro jornalero judío escuchó estas palabras aquel día en la montaña, pero el tiempo no ha cambiado la naturaleza humana hasta el punto de que esta enseñanza nos resulte más fácil. Si dejo que un abusón me golpee en una mejilla y encima le ofrezco la otra, ¿no me propinará una soberana paliza? Lo mismo cabe argumentar, a mayor escala, ante una amenaza como el terrorismo: si permitimos que los malvados nos ataquen sin represalias, ¿no lo harán una y otra vez?

Mi experiencia solo encaja vagamente con este dilema. Sin embargo conduce al corazón mismo de la misión de Cristo. Me encontraba promocionando un nuevo libro en una librería abarrotada de gente cuando una mujer se me acercó y me dijo: «¿Puedo hablar con usted? Necesitaré tres horas». Se trataba de una persona contundente, de carácter fuerte (con poca educación), pero con la mayor amabilidad posible le contesté, señalando a la gente congregada alrededor de la mesa, que no disponía de tres horas.

Se le nubló la vista. «Debe hacerlo. He venido desde México DF», me dijo, e insistió en que debía pasar tres horas a solas conmigo. Le pregunté si había telefoneado a mi oficina de antemano, y lo había hecho. ¿Qué le habían dicho? Que estaría ocupado todo el día. «Pero aun así he venido porque le he oído decir que todo es posible. Y si eso es cierto, debería poder atenderme».

El relaciones públicas del evento se me llevaba del brazo, así que le dije a la señora que, si regresaba más tarde, quizá dispusiese de unos minutos para atenderla en privado. Se enfureció a la vista de todo el mundo. Soltó un torrente de improperios, sin ahorrarse palabras malsonantes, y se marchó ofendida musitando por lo bajo que yo era un fraude. Por la noche yo seguía dándole vueltas al incidente, así que pensé en una verdad espiritual esencial: la gente proyecta sobre nosotros quiénes somos en realidad. Me senté a escribir una lista de cosas que había percibido en esa mujer. ¿Qué me había desagradado de ella? Era exigente, hostil, egoísta y estaba enfadada. Después llamé a mi esposa y le pregunté si yo era así. Se produjo un largo silencio al otro lado de la línea. Me quedé bastante sorprendido. Así que me senté para afrontar lo que la realidad me pedía que afrontara. Hallé un poso de enfado e irritación (a fin de cuentas, ¿no era yo la víctima inocente? ¿Acaso esa mujer no me había avergonzado ante docenas de personas?). Luego pacté una tregua con las energías negativas que la mujer había despertado. Me vinieron a la mente imágenes difusas de heridas anteriores que me situaron en el buen camino. Eliminé cuantas energías negativas de dolor me fueron posible.

Hablando claramente, fue un momento Jesús. Cuando Jesús predicó «Al que te hiera en una mejilla, preséntale también la otra» (Lucas 6, 29), no predicaba el masoquismo ni el martirio. Se refería a una cualidad de la conciencia que en sánscrito se denomina *Ahimsa.* Este término suele traducirse por «inocuidad» o «no violencia» y en épocas modernas se convirtió en la consigna del movimiento de resistencia pacífica de Gandhi. El mismo Gandhi fue considerado a menudo una especie de Cristo, pero las raíces de *Ahimsa* en la India se remontan miles de años atrás.

En la tradición india, la no violencia incluye varios conceptos, todos ellos aplicables a la idea de Jesús de ofrecer la otra mejilla. En primer lugar, el objetivo final de la no violencia consiste en alcanzar la propia paz, en aplacar la violencia interior; el enemigo externo tan solo refleja al enemigo interno. En segundo lugar, la capacidad de no ser violento depende de un cambio de conciencia. Finalmente, si logras cambiar, la realidad lo reflejará.

En ausencia de tales condiciones, *Ahimsa* no es espiritual ni efectiva. Si alguien con sed de venganza muestra la otra mejilla a un enemigo igualmente enfurecido, seguirá más violencia. Asumir el papel de santo no cambiará nada. Pero si una persona con conciencia de Dios presenta la otra mejilla, su enemigo quedará desarmado. Creo que en la librería experimenté un momento fugaz en que pude aplicarme esa profunda verdad. *Ahimsa* es solo una cualidad de la conciencia de Dios. En el caso de Jesús, su mente las contenía todas.

El mundo renacido

Jesús no pretendía guardarse para sí el misterio de la conciencia de Dios. Compartió constantemente su visión con los demás y mostró una inconfundible sensación de urgencia. La vida iba a dar un vuelco no en un futuro lejano, sino muy pronto. Los cuatro Evangelios retoman este argumento una y otra vez. Jesús se define como el nuevo Adán, y san Pablo, el que mejor se expresó de sus primeros seguidores, declara que la realidad ha cambiado totalmente debido a la existencia de Jesús: «De modo que si alguno está en Cristo, ya es una criatura nueva: acabose lo que era viejo, y todo viene a ser nuevo» (2 Corintios 5, 17).

En ocasiones esta frase se traduce de tal modo que las palabras «una criatura nueva» pasan a convertirse en «una nueva creación» o incluso «un nuevo mundo». Ningún otro tipo de fe realiza afirmaciones tan audaces y abrumadoras. Los primeros cristianos se las tomaron al pie de la letra, y la creencia en Jesús se propagó a velocidad de vértigo por Jerusalén y más allá. Para comprender la radicalidad del enfoque de Jesús debemos considerarlo en su totalidad. Pero a grandes rasgos pretendía renovar la existencia humana de las ocho maneras siguientes.

El nuevo mundo de Jesús

1. *La naturaleza.* El decaído estado de la naturaleza será restaurado a la perfección. El paraíso retornará a la tierra; el Edén volverá a abrir sus puertas.
2. *La sociedad.* La guerra y los conflictos desaparecerán. Los seres humanos vivirán en una comunidad basada en la gracia de Dios, sin necesidad de leyes ni castigos.
3. *Las relaciones.* Las personas se relacionarán de alma a alma, con independencia de su riqueza o posición social.
4. *La psicología.* La motivación fundamental de los individuos será el amor a Dios y un sentido de la valía basado en el amor de Dios por sus hijos.
5. *Las emociones.* En lugar de sentir ira, miedo y duda, la gente se sentirá amada, a salvo y bendecida.

6. *El comportamiento.* Al vivir en estado de gracia, las personas no se maltratarán unas a otras. Su comportamiento será pacífico y afectuoso no solo con la familia más inmediata, sino también con los vecinos e incluso los desconocidos.
7. *La biología.* El cuerpo humano cambiará y ya no padecerá enfermedades.
8. *La metafísica.* Dios dejará de mantenerse distante ante los asuntos de los humanos. Estará presente en la tierra.

Jamás se ha ofrecido un proyecto más radical, y el primer milagro de la historia de Jesús fue que alguien lo creyera. Cualquiera de los puntos de la lista plantea en sí mismo un reto asombroso. Piensa, por ejemplo, en las relaciones. Jesús pidió a sus seguidores que se considerasen almas en lugar de individuos falibles cuyos deseos daban pie a conflictos entre ellos. La igualdad entre las almas elimina las diferencias entre ricos y pobres, hombres y mujeres, débiles y poderosos. Para empezar, como guía para las relaciones cotidianas, la igualdad total resultaba completamente inviable —¿ausencia de jefes en el trabajo?, ¿ausencia de gobernantes?, ¿ausencia de jerarquía eclesial?—, pero Jesús fue todavía más lejos. Las almas lo reciben todo directamente de Dios. Como proclamó Jesús en el Sermón de la Montaña, una persona que viva de manera natural, como los pájaros del cielo o los lirios en el campo, no necesita trabajar. Dios ama a sus hijos al menos tanto como a las aves o a las flores. Les proporcionará una existencia no menos bella y exenta de preocupaciones. De igual modo, las almas no necesitan planear el futuro, atesorar riquezas ni preocuparse por asuntos vanos tales como la ropa bonita. La Providencia proveerá todas esas cosas.

Las implicaciones para las relaciones eran inconmensurables. ¿Podía un granjero o un pescador regresar a casa y decirle a su esposa que ya no volvería a trabajar porque Dios no quería que lo hiciese? ¿Deberían las familias gastarse todos los ahorros porque Dios había garantizado que no vendrían épocas duras? ¿Cómo podían estar seguros de que Dios colmaría las necesidades familiares? No es de extrañar que los pragmáticos que tomaron las riendas del cristianismo comenzasen a alejarse del mundo tal como lo había previsto Jesús.

Todos los demás aspectos de la existencia se verían igualmente afectados por el nuevo orden. La realidad que Jesús había venido a abolir resultó ser en todos los aspectos lo contrario de lo que había imaginado.

La naturaleza gozaba de una amplia experiencia como entorno de interminables sufrimientos y trabajos. El habitante medio a duras penas sobrellevaba una existencia precaria, no veía rastro alguno de la prodigalidad divina y sí numerosas muestras del descontento de Dios.

La sociedad imponía sus códigos mediante rígidas normas y duros castigos. Hasta tal punto se recelaba de la naturaleza humana, que en el Levítico, el libro del Antiguo Testamento dedicado a cómo llevar una vida recta, se establecían más de seiscientas leyes, normas, rituales y obligaciones religiosas.

Las relaciones se basaban en obligaciones religiosas, en el intento de agradar a un Dios furibundo en lugar de en hallar placer los unos con los otros. Las mujeres vivían subyugadas, pues habían traído al mundo la mancha de la sexualidad y el pecado.

La psicología se dividía en dos aspectos contradictorios. Por un lado, se le decía a la gente que debían regocijarse en

Dios y considerarse sus elegidos. Por otro lado, la mácula del pecado estaba siempre presente y afectaba a cada persona desde el momento mismo del nacimiento. El pecado constituía algo más que un acto contra Dios; era la condición primaria del ser humano.

Las emociones no eran fiables, se recelaba de ellas. El propio Dios podía pasar de mostrarse afectuoso a iracundo. Sus hijos resultaban igual de impredecibles, y por tanto la amenaza del castigo acechaba siempre; si uno vacilaba en la fe completa en Dios, Satanás le debilitaba tentándole.

El comportamiento era en esencia egocéntrico. Existían ideales y en principio la gente trataba de llevar una vida virtuosa, pero incluso esa virtud se aplicaba únicamente al concepto de «nosotros» (familia, tribu, religión) y no a «ellos» (otra familia, tribu o religión). El modo de tratar a los seres queridos no guardaba relación alguna con el trato a los desconocidos y mucho menos a los enemigos.

La biología escapaba al control humano. Las enfermedades afectaban a todo el mundo y por tanto debían ser un castigo de Dios. La humillación de la vejez y la terrible perspectiva de la muerte también se consideraban pruebas de la insatisfacción divina.

La metafísica estaba más allá de la comprensión de la gente corriente. Solo los sacerdotes, que lo eran por nacimiento, podían leer la voluntad de Dios e interpretar sus pensamientos. Ellos revelaban la naturaleza de lo divino y con el tiempo su palabra se convirtió en ley.

Resulta fácil comprender por qué el nuevo mundo previsto por Cristo se abandonó tan rápidamente después de su muerte. Debía ser modificado por gente realista. Nadie era capaz de llevar a cabo el plan divino tal como Jesús lo había dispuesto, porque todos vivían demasiado inmersos en el viejo mundo. No había forma de escapar de sus enredos. Esta enorme barrera entre realidad e ideal jamás llegó a franquearse. A comienzos del siglo xix el gran filósofo danés Søren Kierkegaard se atormentaba cuestionándose cómo vivir según los deseos de Jesús. Después de años de sufrimientos, Kierkegaard llegó a la conclusión de que ser cristiano era incompatible con la vida normal de la clase media.

Uno de sus libros más influyentes lleva por título *O lo uno o lo otro* a fin de ilustrar la profunda escisión entre una cómoda vida materialista y los radicales valores de Jesús. Sin embargo, Jesús fue el modelo en que basó sus propias enseñanzas. Buda dijo: «Quien me ve, ve la enseñanza», y lo mismo cabe afirmar de Jesús. Vivió en la conciencia de Cristo y su enseñanza nació directamente de su propio estado de conciencia.

Jesús fue capaz de mostrarnos el camino hacia la iluminación. «Sed, pues, vosotros perfectos, como vuestro Padre que está en los cielos es perfecto» (Mateo 5, 48). La cultura occidental tomó a Jesús como modelo y sus palabras le proporcionaron valores según los que vivir (y amar). Pero no vivimos en una era de la perfección —ni mucho menos—, y el ímpetu original que Jesús nos proporcionó se ha agotado.

Un amigo que hacía años que había dejado la Iglesia anglicana me contó una historia. En su reciente regreso a Londres el viaje coincidió con la Semana Santa.

—Quizá fuese fruto de la nostalgia, pero me sentí atraído por el oficio religioso de la catedral de San Pablo —me dijo—. Escogí lo que se conoce como servicio cantado porque la música me inspira y la pompa posee cierta clase de esplendor, con las vestiduras de terciopelo y kilómetros de brocados dorados.

—¿Estuvo todo a la altura de tus expectativas? —le pregunté.

No, pero por la razón más extraña —dijo—. La catedral estaba llena de turistas, un micrófono escandaloso amplificaba el sermón, y el obispo murmuraba el oficio como si estuviera de lo más aburrido. Justo a mi lado, un hombre con ropas gastadas se pasó la hora que duró el servicio arrodillado sobre el suelo de mármol. Oraba apretándose firmemente las manos, y se sabía cada frase de las respuestas y de las oraciones. Recordé que yo solía ser así. Una de las experiencias más profundas de mi vida era arrodillarme en una catedral inmensa bañada de luz.

—¿Qué es lo que te impidió hacer lo mismo que aquel hombre? —le pregunté.

De eso se trata. Me sentí tentado de arrodillarme, pero él era el único que estaba de rodillas, y varios turistas le sacaban fotos con el teléfono móvil. No me atreví.

Creo que muchos cristianos se sienten igual de acomplejados cuando se enfrentan al ritual y la pompa de la Semana Santa y al desbordante comercialismo de las Navidades. ¿Cómo se supone que debes participar? ¿Como parte de la multitud que disfruta del espectáculo o como un solitario penitente ante Cristo? No pretendo contestar a estas preguntas, son sumamente personales, están demasiado vinculadas a la historia personal de cada uno. Y no hay nada en este libro que censure la participación en el ritual o en el sacramento que cada cual considere oportuno. Espero ser capaz de mostrar un atisbo de lo que creo que Jesús pretendía en realidad.

La iluminación y la elevación del estado de conciencia se consideran conceptos orientales, no cristianos. En la India, innumerables gurús y maestros espirituales se ofrecen para enseñar a la gente común la manera de alcanzar la iluminación, pero lo que divide la espiritualidad occidental de la oriental es el provincianismo. Los indios menosprecian a los intrusos que tratan de sacar partido de las antiguas enseñanzas védicas convirtiendo el yoga en un ejercicio que se enseña en unas cuantas clases los fines de semana. Los occidentales desdeñan a los intrusos que proclaman que Jesús fue un maestro en la línea de Buda o de Mahoma en vez del único hijo de Dios.

En cuanto nos apartamos de los márgenes dogmáticos del catolicismo y del hinduismo, ambas posturas evidencian graves errores. La conciencia es universal y, de existir una conciencia de Dios, nadie debe ser excluido de ella. Del mismo modo, tampoco se debe reclamar una exclusividad sobre ella. Si Jesús alcanzó el nivel máximo de iluminación, ¿por qué debe ser considerado único en ese sentido? Quizá Buda logró lo mismo —cientos de millones de seguidores lo creen así—, junto a los rishis védicos como Vasishtha y Vyassa, aunque no dieron lugar a religiones que llevasen su nombre.

Resulta evidente que Jesús no tenía un concepto provinciano de sí mismo. Pese a ser un rabino —o maestro— judío, se veía a sí mismo en términos universales. De hecho, consideró su llegada como el acontecimiento más importante de la historia, cuya trascendencia solo podía ser juzgada en tiempo divino, no humano. Para las personas normales el tiempo comienza con el nacimiento y termina con la muerte; las épocas que duran más de un par de generaciones se diluyen en la neblina del pasado. Jesús pensaba de manera intemporal. Y dos milenios después continúa resultando contemporáneo, tal como pretendía.

«YO SOY LA LUZ»

¿Jesús solo es la iluminación? La mejor manera de descubrirlo consiste en examinar sus palabras. En los Evangelios Jesús pasó mucho tiempo explicándose ante gente a la que desconcertaba. Les dijo que era el hijo de Dios, el Mesías, Cristo. Pero en la actualidad estas palabras se han convertido en términos eclesiales. Otorgan un título a Jesús, pero nosotros queremos algo más personal. Denominarse a sí mismo Hijo de los Hombres era más personal: denotaba humildad y un destino común con la gente corriente. Pero Jesús nos revela más acerca de su persona cuando dice: «Yo soy la luz» (Juan 9, 5). Físicamente, la luz es lo que ves cuando te despiertas por la mañana. Místicamente, es lo que ves cuando tu alma despierta. La luz da vida y muestra el camino a través de la oscuridad. Jesús era consciente de ello. Sin embargo, es más emocionante su intención de elevar a los demás al mismo nivel, como cuando dijo a sus seguidores: «Vosotros sois la luz del mundo» (Mateo 5, 12). Su propósito era iluminar a los demás, pero entre Jesús y el resto del mundo se abría un abismo —el abismo entre la luz y la oscuridad—, así que toda su vida se empeñó en conseguir que la gente comprendiera que vivía en la oscuridad y debía despertar.

Podemos vislumbrar la dificultad de semejante empeño en el famoso enfrentamiento entre Jesús y un grupo de sacerdotes que decidieron interrogarle. El incidente comienza de manera inspiradora:

> Otra vez Jesús les habló, diciendo: «Yo soy la luz del mundo; el que me sigue no andará en tinieblas, sino que tendrá la luz de la vida». *(Juan 8, 12)*

Jesús había entrado en Jerusalén por última vez. En cuestión de horas sería arrestado por los romanos y juzgado. Sin embargo, por el momento, sus acusadores eran los sacerdotes, que le interrogaron como abogados.

> Entonces los fariseos le dijeron: «Tú das testimonio acerca de ti mismo; tu testimonio no es válido». Respondió Jesús: «Aunque yo doy testimonio acerca de mí mismo, mi testimonio es válido, porque sé de dónde he venido y adónde voy; pero vosotros no sabéis de dónde vengo ni adónde voy. Vosotros juzgáis según la carne».

Llegado ese momento, en que sus enseñanzas habían florecido, Jesús sabía lo enigmático que resultaba para la gente corriente, incluso para sus seguidores. Por lo que continuó diciendo que sus seguidores eran los menos capaces de comprenderles a él y a Dios:

> «Yo soy el que doy testimonio de mí mismo. También el Padre que me envió da testimonio de mí». Ellos le dijeron: «¿Dónde está tu padre?». Respondió Jesús: «Ni a mí me conocéis, ni a mi Padre; si a mí me conocierais, también a mi Padre conoceríais».

Esta audaz afirmación de que Jesús es lo mismo que Dios enfureció a los sacerdotes. No fueron capaces de comprender que «Yo soy Dios» es la sentencia más sencilla del mundo para alguien en conciencia de Dios. (Tan simple como decir «Yo estoy despierto» para quien no está dormido.) El evangelista intuye que el significado de Jesús es místico. ¿Por qué si no iba a decir que sabe de dónde viene y adónde se dirige? Vino de la luz, y pronto regresará a ella.

La distancia entre Jesús y sus oyentes no constituía un espacio vacío que pudiera sortearse saltando. La manera de vivir de Jesús contradecía todo por lo que vivían sus discípulos, desafiaba sus creencias y valores. Jesús se pronunció en contra de la ley, el dinero y la forma en que estaba organizada la vida en la tierra.

En lugar de pensar que la sabiduría es exclusiva del Mesías, deberíamos tomar literalmente las palabras de Jesús cuando dice «vosotros sois la luz del mundo». Jesús describe nuestro destino igual al suyo. La conciencia de Dios nos ofrece el camino que debemos seguir. El sufrimiento no tiene que ver con incumplir una ley, renunciar al dinero o abandonar el mundo. Es cuestión de que veamos esos obstáculos como una mera ilusión. Fijémonos en los ingredientes esenciales de una vida espiritual según lo que nos enseñó Jesús.

1. *Meditación:* introspección para contactar con la mente silenciosa.
2. *Contemplación:* reflexionar sobre la verdad.
3. *Revelación:* recibir comprensión espiritual.
4. *Oración:* petición de una orientación más elevada.
5. *Gracia:* aceptar a Dios en el corazón.
6. *Amor:* participar en el amor divino.
7. *Fe:* creer en una realidad superior.
8. *Salvación:* conciencia de que se tiene un lugar en dicha realidad superior.
9. *Unidad:* ser uno con Dios.

Cada uno de ellos puede interpretarse mediante las constantes referencias de Jesús a la luz.

Meditación. La luz existe dentro de cada uno. Cuando nos miramos para descubrir quiénes somos, nos encontramos con la luz y con Dios a la vez.

Contemplación. Se ha de pensar en cualquier objeto exterior o en cualquier acontecimiento personal. Si se piensa en profundidad se descubrirá que todo está hecho de luz. Tanto el mundo exterior como el interior son reflejos. Todo lo sólido es una sombra, tan solo la luz es real.

Revelación. La luz se revela cuando se ve a través del alma. Dios está oculto y a la vez expuesto. El Dios oculto es oscuridad, el Dios expuesto es luz.

Oración. Consiste en hallar la verdad. Si se pide a Dios que muestre la luz, que es la esencia de la verdad, lo hará. A fin de cuentas, una oración no es más que la forma en que la luz pide verse a sí misma.

Gracia. La luz también puede ser descrita como amor

puro. Cuando actúa como amor puro, otorga la libertad; esa es la gracia.

Amor. Cuando la luz interior está conectada con Dios, el amor fluye. El amor no es más que esta condición viviente, en toda su creación y júbilo.

Fe. Cuando se deja de creer en la ilusión que es el mundo material y se ve todo como realmente es (luz), se tiene fe. La razón por la que a alguien con fe todo le es dado es muy sencilla: la luz puede adoptar la forma que desee. Los obstáculos físicos no pueden impedir el libre fluir de la luz.

Salvación. Al ir hacia la luz te redimes. Has escapado de un falso yo y alcanzado el yo verdadero. El yo falso se encontraba atrapado por limitaciones físicas. El yo auténtico resulta tan infinito como la luz.

Unidad. Los límites físicos imposibilitan la reunión con Dios, pero no existen límites para la luz. Por tanto, una vez has comprendido que eres la luz, nada se interpone en tu encuentro con Dios.

Ninguna de estas sentencias es una metáfora de conceptos transcendentes o complicados. ¿Quién no se ha tumbado sobre la hierba en una noche de verano y ha sentido que había algo excitante más allá del cielo? ¿O quién no ha mirado a los ojos de la persona amada y se ha estremecido ante la calidez que reflejan? Los destellos de belleza y de amor son destellos de luz. Se puede estar en sintonía con la conciencia de Dios en cualquier momento si se buscan esos destellos. Sin embargo, los resultados pueden resultar extraños. Yo enciendo el televisor y veo una matanza en Oriente Próximo, con bombas en las carreteras y sangre por todas partes, pero Jesús solo vería luz y su compasión se dirigiría a los que sufren, no tanto por el dolor sino por su incapacidad para estar en la luz con él, ya que en la luz terminaría su sufrimiento. La percepción crea la realidad, y las distintas cosas que dijo Jesús coinciden en un punto: trataban de cambiar la percepción de la gente.

De hecho, el secreto está en interpretar a Jesús literalmente. Tras siglos de teología, nuestras mentes son incapaces de acercarse a él sin caer en la simbología mesiánica. Cuando dice, «Yo soy el Camino, la Verdad y la Vida», las mayúsculas no son solo una reliquia de alguna antigua forma del idioma, sino la evidencia de que Jesús es Dios. No obstante, la luz es nuestra propia conciencia, aquí y ahora, en el complejo presente. Si uno piensa en ir al cine por la tarde, ese pensamiento proviene de la luz. Lo mismo cabe decir si piensa en la próxima comida, el sexo o dejar de fumar. Si nos resulta tan difícil comprender a Jesús es porque él nunca se aleja de la pureza de la luz. No le queda otra opción. La conciencia de Dios crea su propia realidad. A menudo pienso que somos extremadamente afortunados por lo mucho que comprendemos a Jesús. Hubiera sido muy fácil tomarlo por loco.

Intentemos, por ejemplo, entender su famosa sentencia: «No resistáis al mal». Con los años su enseñanza se ha diluido. Ha quedado reducida a una especie de pasividad compasiva, una manera de alejarse de los abusadores en lugar de devolverles el golpe. Al ofrecer la otra mejilla nos sentimos superiores moralmente porque no hemos añadido más violencia en el mundo, incluso cuando nos han provocado. Pero este relevante pasaje del Nuevo Testamento es incluso más radical. Lo he reescrito utilizando términos contemporáneos:

> Se os ha enseñado qué es el ojo por ojo, el diente por diente, pero yo digo que no os resistáis ante el mal. Si alguien os golpea, dejad que os golpee dos veces. Si alguien os demanda para obtener vuestro abrigo, entregádselo y entregadle también vuestra capa. Si alguien os obliga a caminar un kilómetro, caminad dos. Si alguien os pide algo, concedédselo. Si quiere dinero prestado, no le deis la espalda. *(Mateo 5, 38–42)*

Parecen dictados del todo irrealizables. El ojo por ojo, enseñanza que Jesús quiso anular, continúa siendo más fácil de aplicar. Ante el mal (terroristas, nazis, asesinos en serie, pedófilos, etc.) la reacción natural parece ser la venganza; damos por sentado que pese a la insistencia de Jesús tenemos derecho a aplicar un castigo. La actual «guerra al terrorismo» se basa en esa idea. Pero cualquier forma de lucha contradice a Jesús, algo que los gerifaltes cristianos de derechas pasan por alto por pura conveniencia.

«No resistáis al mal», aplicado a la vida real, nos conduciría a una sociedad basada en el perdón. ¡Horroroso concepto! Si perdonásemos a todo el mundo, los malvados tomarían el poder, y nos dominarían, o tal vez también nos perdonarían y dejarían de ser malvados. Esta segunda opción, que quizá fuera la que Jesús tenía en mente, resulta inconcebible, sino una locura. Para demostrar que «No resistáis al mal» no constituye una locura, Jesús vivió de acuerdo con sus enseñanzas. Se prestó a un juicio injusto, a la persecución y a una muerte violenta. Los cristianos le adoran por ello, ya que condujo a la Resurrección. La rendición resultó ser el arma fundamental de Jesús. Pero el hecho de que Jesús sea adorado por no resistirse al mal no nos ha hecho cambiar a nosotros, simples mortales; en términos generales, continuamos viviendo según la misma ley en contra de la que Jesús predicó: el ojo por ojo.

El elemento que falta, como siempre, es la conciencia. Resulta imposible vivir sin resistirse al mal si no se ha alcanzado un estado de conciencia más elevado. Afortunadamente, a medida que uno se eleva hacia la conciencia de Dios, el mal se retira y nos hace invulnerables.

El mal lo es todo cuando se es susceptible a su influjo; cuando no es así, el mal no es nada. Son los extremos de la existencia espiritual, el comienzo y el final del viaje. En medio existen muchos pasos, pero Jesús no nos los enseña. Quizá lo hiciera en la vida real, porque las escasas palabras que nos dejó, aquellas que sus discípulos recordaron y escribieron, no abarcan más de dos o tres horas si se leen de corrido. Sin embargo, las sabias tradiciones del mundo pueden rellenar los huecos que faltan. En el budismo, en las antiguas escrituras védicas de la India y en las vidas de los santos cristianos encontramos pruebas suficientes de que la conciencia puede crecer hacia dirección a la conciencia de Dios y las maneras de conseguirlo.

Cómo «No resistirse al mal»

Meditación. Siéntate cada día y encuentra tu silencio interior. En ese silencio se encuentra la paz sin ira. No hay maldad, ni sentimientos de venganza ni de justificada indignación. Con la práctica aprenderás a identificarte con ese lugar. Resultará natural dominar la ira, una energía como cualquier otra. Cuando eso ocurre, el mal comienza a dejar de atenazarte.

Contemplación. La mente desempeña un papel importante en la manera de reaccionar ante el mal. Cuanto más excitada esté la mente, más amenazante será el mal. Cuanto mayor sea el sentimiento de víctima, más agresivo será el mal. Cuanto más lo temas y lo percibas por todas partes, más tendrás que defenderte. Pero esas percepciones pueden variar. En términos generales, el bien y el mal siempre están luchando; ninguno de los dos se alza con la victoria. Por tanto, no puedes acabar con el mal, solo puedes decidir si quieres luchar en esa guerra o no. Pero si decides no luchar, tu mente dejará de interesarse por el mal y, cuando lo haga, el mal se retirará.

Revelación. Cuando temes al mal, crees que es real. Dicha certeza te obliga a implicarte en la eterna lucha entre el bien y el mal. La resistencia pasiva solo te librará, quizá, a corto plazo. Pero si comprendes que la batalla entre el bien y el mal no es más que un juego de luces y sombras, desaparecerá esa certeza acerca de la existencia del mal. Para ver a través de la máscara del mal, busca la luz que es la esencia de todo. El fruto de esta búsqueda es la revelación; la luz se revela por sí misma.

Oración. Trata de ver qué se esconde tras el mal. No tiene por qué tratarse de una cuestión filosófica. Lo que quieres es echar un vistazo tras la máscara que todos llevamos puesta cuando nos enfadamos, nos sentimos discriminados, nos mostramos hostiles y agresivos. Esas emociones son insustanciales, tan solo convencen temporalmente. Pero las emociones de los demás nos intimidan tanto y estamos tan convencidos de las nuestras, que perdemos de vista la realidad subyacente. Rezando al dios o ser superior en el que cada uno cree, conectamos con la realidad y pedimos que se nos recuerde que la ilusión no es real.

Gracia. La gracia sustituye el mal por el amor. No se puede llegar a ella cuando te sientes víctima, atemorizado o enfado. Sin embargo, mientras trabajas esa negatividad, recuerda que del otro lado te espera una recompensa. El mal no deja un vacío cuando desaparece, sino un espacio lleno de Dios.

Amor. Cada enemigo es un símbolo de tu falta de amor. El mal llena esa ausencia de amor convirtiéndose en conflicto y en emociones enfrentadas. Al retornar a un estado de amor, se le roba al mal el lugar en que habita. En términos prácticos significa que debemos superar la costumbre de juzgar. Cuando estés tentado de decir que alguien es malvado, acepta la energía negativa como propia y luego expúlsala de tu cuerpo y tu mente. Esto requiere paciencia; no ocurre de golpe. No obstante, si emprendes esta tarea, sus resultados son duraderos. El amor es más poderoso que el mal porque solo el amor es real.

Fe. Se requiere de la fe cuando se sufre. Nada resulta más convincente que el dolor y cuando está presente, las palabras no lo hacen desaparecer. El dolor es demasiado físico y demasiado presente. Pero pese a su intensidad, el dolor es temporal. El mal depende de que olvidemos este hecho. Si no pudiese causar dolor, el mal carecería de poder. Por tanto, en la agonía del dolor, mantén la fe. Ten presente que existe una realidad más allá de nuestro sufrimiento presente. Tú eres esa realidad y regresarás a ella a medida que el sufrimiento remita.

Salvación. Cuando puedes distanciarte de tu propio sufrimiento estás salvado. En términos espirituales, la salvación equivale a ser rescatado físicamente. El peligro físico nos sitúa en un estado de caos, dolor, miedo al peligro y pánico. Condiciones todas que se reflejan en la mente: cuando surgen amenazas mentales recurrimos a imágenes catastróficas. Por tanto, para evitar el sufrimiento se debe hallar un lugar que no sea físico ni mental. Jesús llama a ese lugar Reino de Dios o alma. El nombre es menos importante que la experiencia. Paso a paso, cada persona debe hallar un estado interior libre de imágenes dolorosas: en ese estado radica la redención.

Unidad. Todos los pasos anteriores sirven a un único propósito: difuminar la línea que separa al bien del mal. Al principio son opuestos absolutos. Experimentamos el bien mediante el placer, la paz, el bienestar y la seguridad. Experimentamos el mal mediante el dolor, el esfuerzo, las restricciones y el miedo. De manera natural buscamos una experiencia y huimos de la otra. Lo que no vemos es que dichas tendencias «naturales» forman parte de un estado de conciencia que ha sido condicionado con el tiempo. En otras palabras: nos las hemos creado. Cuando sabes más sobre ti mismo, aprendes también a crear cosas nuevas que sustituyen a las antiguas. En cuanto al mal, lo que se ha de crear es ausencia de dualidad. Se acabó la dualidad luz versus oscuridad. Basta de límites prefijados que separen lo seguro de lo inseguro, Dios de Satanás, el ser del no ser. A medida que estos límites se difuminan, solo queda una realidad, un estado infinito conocido como Dios. En la medida en que logras eliminar las barreras del miedo, te acercas a la conciencia de Dios y, en el mismo proceso, privas al mal de su aparente realidad.

Este es solo un breve bosquejo de cómo una persona puede ir más allá del mal, pero creo que es lo que Jesús quiso decir con «No resistáis al mal». Tras la apariencia de locura subyace una profunda sabiduría que solo acertamos a intuir en las escasas palabras recogidas en los Evangelios. Hay que sacar de la maleta la enseñanza completa, por así decirlo, y exponerla en detalle.

Los Evangelios Gnósticos

Hace poco me encontré con un periodista indio que hizo una mueca cuando le dije que estaba escribiendo sobre Jesús. Le pregunté por qué. «Cuando era niño, en mi país, me encantaba ser cristiano —me dijo—. Pero ser cristiano en Estados Unidos hace que me sienta intranquilo». Resulta que su fe fue producto de los misioneros, cuya presencia en India se remonta a santo Tomás, el mismo Tomás dubitativo al que un Jesús resucitado invitó a que tocase sus heridas y que supuestamente navegó hasta el extremo sur de la India en el año 52 y fundó la primera iglesia del país. En una de las antiguas iglesias situada en el estado de Kerala los fieles aún cantan en arameo y sirio.

Cuando se pierde la inocencia también se pierde el misterio. Los escépticos no son los únicos que se preguntan si los milagros realizados por Jesús —resucitar a los muertos, convertir el agua en vino o caminar sobre el mar de Galilea— se basan en exageraciones de acontecimientos reales. La conversión puede ser una venta difícil, y si la historia que vendes contiene elementos mágicos la venta siempre resulta más fácil.

Nosotros no somos los primeros en rebelarnos contra la religión establecida, ni esta es la primera vez que el culto en la iglesia ha retrocedido ante las dudas. Entre las primeras sectas cristianas ya había quienes dudaban que bastase con rezar a Cristo para alcanzar a Dios. Se rebelaron contra la autoridad eclesial argumentando que cada cristiano encontraría a Dios mediante un conocimiento personal de él y alcanzaría así la iluminación. Pensaban que la iluminación, no la salvación en el cielo, era la misión de Jesús. Así lo explica una de sus más lúcidas escrituras, el Evangelio de la Verdad:

> El olvido no existió con el Padre, aunque tuvo origen por su causa. Lo que existe en él es el conocimiento, que fue revelado para que se disipara el olvido y el Padre fuese conocido. Ya que el olvido existió a causa de que el Padre no fue conocido, cuando el Padre sea conocido, a partir de ese momento el olvido dejará de existir.

El olvido, no el pecado, es percibido como el origen del error, nuestra pérdida de contacto con Dios. Retornamos a Dios al recordarle y, a medida que la memoria vuelve, cada uno de nosotros recupera el conocimiento de lo divino. Como estas primeras sectas otorgaban tanta importancia al conocimiento pasaron a conocerse como gnósticas, del término griego *gnosis* o «conocimiento».

Enseguida salta a la vista el atractivo del gnosticismo para la mentalidad actual. Parece liberal, nada autoritario y abierto. El Evangelio de la Verdad acusa a los cristianos convencionales de haber malinterpretado el mensaje fundamental de Jesús, ya que han caído en la adoración ciega en lugar de buscar la iluminación:

> [Jesús Dios], por cuyo medio iluminó a los que estaban en la oscuridad a causa del olvido. Los ha iluminado y les ha mostrado un camino. Y el camino es la verdad que les ha enseñado.

Parece una doctrina de crecimiento personal, de ahí el gran atractivo del Evangelio de la Verdad. El Jesús que se describe en él conoce la totalidad, la plenitud imperecedera que Dios regalará a la humanidad si esta abre los ojos.

> [Jesús] se convirtió en guía, callado y tranquilo. Acudió a una escuela y proclamó la Palabra como maestro. Aquellos que se consideraban sabios se le aproximaron para ponerle a prueba. Pero él los desacreditó porque eran vanos. Ellos lo odiaron porque en realidad no eran sabios.

En este ejemplo entrevemos la temática universal del gnosticismo: la guerra entre Sofía (sabiduría) y las fuerzas de la oscuridad, una guerra que se ha librado desde la creación y que existe dentro de cada uno de nosotros. Este conflicto interno nos ha nublado la verdad, pero la redescubriremos porque en Su plenitud (Pleroma) el Padre muestra un camino de regreso a la Totalidad, imposible de perder. Basta cambiar algunas palabras del texto para tener la impresión de estar leyendo los Vedas tal como los narraron los antiguos profetas indios.

Cuando comencé a escribir sobre Jesús me sorprendió la

turbación que despertaba en todos los sectores. Nadie desea que se cuestionen sus creencias ni su falta de ellas. Así, un amigo me comentó nervioso: «¿De modo que eres gnóstico? Era el único camino que podías tomar, ¿verdad?».

Le expliqué que no, que no soy gnóstico. Pero comprendí el comentario. Desde que en 1945 se descubrió en Egipto un enorme alijo de primitivos manuscritos bíblicos, algunos renegados y reformistas de la Iglesia han encontrado munición para sus causas. Los Evangelios Gnósticos, tal como los conocemos, comprenden el Evangelio de la Verdad, el Evangelio de Tomás —el libro que quizá estuvo más cerca de ser incluido en el canon del Nuevo Testamento— y el Evangelio de Felipe, así como varios documentos más hallados en otros lugares y momentos, como el hoy tan famoso —o infame— Evangelio de María Magdalena, descubierto en 1896 pero no publicado hasta 1955.

Estas escrituras representan la ruta alternativa que el cristianismo no tomó. Reprimidos y finalmente eliminados por la emergente Iglesia católica, los gnósticos rechazaban la autoridad, preferían seguir un camino individual guiado por la revelación. Si mi objetivo es un nivel de conciencia superior, ¿por qué no es gnóstico este libro?

En primer lugar, jamás existió una secta cristiana conocida como los gnósticos, al menos no de la misma manera como los protestantes o los griegos ortodoxos. El término fue inventado por estudiosos modernos. En la actualidad tiene connotaciones positivas, pero históricamente los gnósticos fueron repudiados como herejes. De hecho, antes del descubrimiento de los Evangelios Gnósticos, casi todo lo que se sabía acerca de los gnósticos provenía de los padres de la

Iglesia que los vilipendiaron y se empeñaron en exterminarlos. En segundo lugar, los Evangelios Gnósticos no exponen una creencia uniforme. Los documentos conocidos con el nombre de Biblioteca de Nag Hammadi, en honor a la ciudad del alto Egipto donde fueron descubiertos en una cueva, se componen de trece códices que datan de antes de 390 d.C. Muchos de ellos están dañados y escritos en un código secreto cargado de símbolos y de referencias arcaicas.

El año 390 es una fecha muy temprana en cuanto a la conservación de un escrito, y ello ha llevado a reivindicar la autenticidad de los pergaminos de Nag Hammadi por encima de las versiones de los cuatro Evangelios. Esos pergaminos son un embrollo esotérico. Sin embargo, podemos extraer de ellos algunos datos intrigantes: la Iglesia primitiva estaba muy dividida; no siempre contaba con una jerarquía sacerdotal, pero cuando la tenía, las mujeres también podían participar como sacerdotisas. Cualquier miembro de la congregación podía alzarse y predicar cuando el Espíritu le empujara a hacerlo. La experiencia individual dominaba sobre la doctrina escrita.

Los renegados y los reformistas acogieron con los brazos abiertos el descubrimiento de los Evangelios Gnósticos porque creyeron que la inclusión de las mujeres en el clero, entre otros asuntos controvertidos, beneficiaría al cristianismo. El distanciamiento de la autoridad central también se adjunta con el temperamento moderno: si el conocimiento de Dios se obtiene a nivel personal, ¿por qué debemos permitir que la Iglesia ahogue nuestros esfuerzos? Cuesta resistirse al iluminado grupo de creyentes que con tanto entusiasmo describe el Evangelio de la Verdad:

> Conocieron y fueron conocidos; fueron glorificados y han glorificado. Se manifestó en su corazón el libro que vive del Viviente, el que está escrito en el Pensamiento y el Intelecto del Padre...

Pero la libertad que ofrece el gnosticismo también comporta ciertos peligros. Una iglesia pentecostal del sur rural de Estados Unidos donde la congregación parece tener don de lenguas y el pastor propugna su propia versión excéntrica del cristianismo es gnosticismo puro. Este tipo de congregaciones han acabado jugueteando con serpientes de cascabel para demostrar que su fe les hace inmunes. Otros creen en la sexualidad infantil o repudian la «mezcla de razas». E incluso si dejamos de lado las posibilidades más extravagantes que puedan surgir del gnosticismo, los propios Evangelios Gnósticos no dejan de ser, en el mejor de los casos, un puro desorden que mezcla a Jesús con figuras religiosas como Set, Sofía, diversos demiurgos (creadores considerados inferiores a Dios) y extraños cultos que en la actualidad carecen de valor, salvo para complicar una teología ya de por sí complicada.

Quizá nos atraiga la libertad del pensamiento no racional, pues de ahí nacen el arte, la fe, la intuición o el amor. Pero todo tiene un lado oscuro, y el gnosticismo puro no ofrece salvaguardas ante la oscuridad. Los padres primitivos de la Iglesia han sido demonizados por haber exterminado las sectas gnósticas, como debe ser. Pero bregaban a la vez con su propia oscuridad; los gnósticos eran solo un símbolo de los demonios internos que tanto sufrimiento creaban, un sufrimiento todavía más doloroso ya que los padres de la Iglesia prometían que Jesús había erradicado el pecado del mundo de una vez por todas. Nadie que eche un vistazo a su alrededor puede, ni ahora ni entonces, creer semejante afirmación. Pero disponemos de una serie de enseñanzas de Jesús libres de la influencia de la desesperada necesidad de un Mesías que sentían otras personas. Los Evangelios contienen lo necesario para realizar un viaje interior que resultará más rico que cualquier cosa que puedan ofrecer los gnósticos.

«EL REINO DE DIOS ES INTERIOR»

Con independencia de la versión de Jesús que uno acepte, el objetivo del cristiano consiste en alcanzar el Reino de Dios. Millones de creyentes sostienen que eso significa ir al cielo después de muerto. Pero Jesús es mucho más ambiguo. En los Evangelios existen igual número de pruebas de que alcanzar el Reino de Dios significa alcanzar un nivel de conciencia más elevado. Como suele ocurrir, las Escrituras están abiertas a múltiples interpretaciones. Pero creo que el argumento de la conciencia superior resulta, de lejos, el más persuasivo.

Comencemos planteando la pregunta más básica. ¿Dónde se encuentra el Reino de Dios? Los oyentes de Jesús eran judíos y su tradición religiosa no incluía la vida después de la muerte y mucho menos un cielo donde los honrados recibirían su recompensa. Estamos tan acostumbrados al concepto de cielo, ya seamos creyentes o escépticos, que resulta difícil imaginar una época en que ese concepto resultaba novedoso y controvertido. Jesús describió el cielo como el reposo para el cansado y el bálsamo para el sufridor, algo muy bien recibido por sus oyentes, que pasaban grandes penurias y trabajaban muy duro. El libro del Génesis decía a los judíos que esa no había sido la intención original de Dios para con la humanidad; trabajar la tierra con esfuerzo era el castigo impuesto a Adán y Eva tras la expulsión del Jardín del Edén.

Por tanto Jesús cierra el círculo, al perdonar los pecados devuelve el Edén. Como el jardín original estaba repleto de delicias, el cielo debía ser igual. La tradición cristiana describe el Reino de Dios como un paraíso, un banquete para los hambrientos presidido por un Padre sonriente. En términos coloquiales equivale al cálido hogar donde el maestro acoge a sus trabajadores tras una dura jornada de trabajo en los viñedos. Puede que la vida contemporánea ofrezca mayores comodidades, pero seguimos añorando ese lugar de refugio y reposo. Además, el cristianismo siempre se ha centrado en los pobres y los débiles, cuya necesidad de descanso y alivio no ha cambiado desde la época de Jesús.

¿Qué tiene que decir la Biblia acerca del Dios fruto de la imaginación popular que preside su reino desde un trono celestial? La palabra «trono» aparece 166 veces en el Antiguo Testamento, siete veces en los Evangelios y 37 en el Apocalipsis. Jesús no es el origen de la imagen que nos hemos creado de un Dios parecido a un rey.

En sus escasas referencias al trono de Dios, Jesús recuerda el Antiguo Testamento. Resulta una práctica habitual por parte de los Evangelios, que trataron de asegurarse de que el candidato a Mesías cumpliese todas las expectativas de los profetas y apoyase el principio de que los judíos eran el pueblo elegido por Dios. En cierta ocasión dice:

> En verdad os digo que vosotros, que me habéis seguido, en el día de la resurrección universal, cuando el Hijo del hombre se sentará en el trono de su gloria, vosotros también os sentaréis sobre doce tronos, y juzgaréis a las doce tribus de Israel. *(Mateo 19, 28)*

Esta promesa se repite una y otra vez en el Antiguo Testamento:

> ...ahora permanecen ante el divino trono y viven una vida de eterna bendición. *(4 Macabeos 19)*

> Pero Jehová permanecerá para siempre; ha dispuesto su trono para juicio. *(Salmos 9, 7)*

> Entre los altísimos cielos puse yo mi morada y el trono mío sobre una columna de nubes. *(Eclesiástico 24, 8)*

En el último pasaje no es Dios quien habla, sino la virtud de la Sabiduría alabándose a sí misma poéticamente. Sin embargo, no cabe duda de que el Antiguo Testamento pretendía colocar al próximo Mesías y al rey de Israel en el mismo trono, el cual provenía directamente de Dios.

Entonces, ¿por qué millones de cristianos creen literalmente en un cielo y en un trono de Dios? El Nuevo Testamento retoma su significado literal hacia el final, mucho tiempo después de la muerte de Jesús, en el Apocalipsis, con sus cerca de cuarenta referencias al «trono». El Apocalipsis describe el día del juicio —el fin del mundo— de manera sumamente gráfica, con una imaginería fascinante y terrorífica.

Se desconoce la autoría de este libro de la Biblia; tradicionalmente se le atribuye al mismo Juan que escribió el Evangelio que lleva su nombre, y se supone que lo escribió mientras estuvo exiliado a causa de sus creencias a la isla griega de Patmos. Pero no existe prueba alguna de ello. El Reino de Dios descrito en el Apocalipsis guarda poca o ninguna relación con el propio Jesús, pese a que hace referencia al juicio final y a la división entre los malvados y los justos. En mi opinión, los creyentes se aferran al Apocalipsis porque llena un vacío. Jesús no dramatizó el fin de los días. No ofreció nada tan apasionante visualmente como el libro de los siete sellos, los cuatro jinetes del Apocalipsis, la profanación de las tumbas y las almas emergiendo de la tierra. La promesa de Jesús de que regresaría a la tierra no era tan cinematográfica. Se negó a dramatizar el día del Juicio Final, del mismo modo que se negó a que el cielo fuese considerado literalmente, ¿acaso eso no merece respeto?

Cuando Jesús dice palabras que los evangelistas parecen no eperar de él, argumenta contra la sofisticación del mundo porque no la considera adecuada para Dios. Reprende con severidad a los sacerdotes del templo que solicitan ofrendas de especias y oro:

> ¡Necios y ciegos! ¿Qué vale más, el oro, o el templo que santifica el oro? [...] y quien jura por el templo, jura por él

> y por aquel que lo mora. Y el que jura por el cielo, jura por el trono de Dios y por aquel que está en él sentado.
>
> *(Mateo 23, 17–22)*

Aquí Jesús señala que Dios habita de manera invisible los objetos sagrados del templo y que su presencia confiere santidad, no los objetos en sí. Lo mismo ocurre con el cielo. El lugar físico que imaginamos es apenas una cáscara; el auténtico Reino de Dios no puede verse. Todo lo cual refuerza la explícita declaración de Jesús «el Reino de Dios habita en ti». Una afirmación todavía más enfática situada en su contexto:

> Preguntado por los fariseos cuándo había de venir el reino de Dios, les respondió y dijo: «El reino de Dios no vendrá con advertencia, ni dirán: "Helo aquí", o "Helo allí", porque el reino de Dios está entre vosotros». *(Lucas 17, 20–21)*

Estas palabras pueden interpretarse como el impulso del que nace el movimiento gnóstico, con su desprecio hacia las trampas exteriores y su insistencia en que todo contacto con Dios o Cristo debe ser individual. Solo la transformación interna traerá a la tierra la visión de Cristo del Reino de Dios, que constituía la misión última del Mesías. Si los gnósticos tuviesen razón, el Apocalipsis estaría equivocado. Jesús no regresará físicamente para levantar a los muertos de sus tumbas. Por el contrario, la Segunda Venida supondrá un cambio de conciencia que renovará la naturaleza humana y la elevará al nivel de lo divino.

Siglos después de que la Iglesia oficial erradicara el gnosticismo, el Reino de Dios mantenía sus desdibujados límites. Para algunos se convirtió en la satisfacción de un deseo, una utopía basada en el amor, la tolerancia y la comprensión que barrería y sustituiría al corrupto mundo material. Tolstói, en su manifiesto *El Reino de Dios está en vosotros (1894),* propuso crear comunidades utópicas sin necesidad de esperar a la Segunda Venida.

Tolstói se tomó a Cristo a nivel personal y lo buscó siguiendo sus enseñanzas de modo simple y literal. La teología debía desaparecer y el creyente debía tener fe en que la vida podía organizarse amando al vecino, mostrando la otra mejilla, sin resistirse al mal y así sucesivamente. Sobre todo en Estados Unidos hubo una fuerte tradición de comunidades cristianas utópicas, algunas de las cuales perviven todavía, pero cualquier intento de imponer una sociedad idílica sobre la base de una conciencia inferior está condenada al fracaso.

La vida monástica medieval se basaba en gran medida en el mismo ideal, pero tales comunidades, incluso cuando se aislaban del mundo exterior, solo tenían éxito mediante el supremo sacrificio de los deseos y las aspiraciones cotidianos.

Las comunidades utópicas y los monasterios apartan a Jesús de la existencia cotidiana. No creo que Jesús tuviese en mente a una élite espiritual aislada. Cuando Jesús dijo que el Reino de Dios está en el interior, se refería al interior de cada uno. Lo mismo se aplica a su mandato de amar a los enemigos. El mismo Dios está tanto dentro de ti como de tu enemigo. Matar a un enemigo sería como matar un aspecto de Dios y un aspecto de ti mismo.

Así pues, ¿quiso decir Jesús que el Reino de Dios está en nosotros todo el tiempo o solo cuando lo buscamos? ¿Por qué parece que Dios guarda silencio y está ausente para millones de personas? Cuanto más se profundiza en el tema, más cuesta encontrar una manera de vivir siguiendo las palabras de Jesús. Sus enseñanzas no pueden reducirse a una simple cuestión de mirar hacia dentro en lugar de hacia fuera. Jesús no dio la espalda a ninguna versión del Reino mencionada en la Biblia.

Dios como imagen e idea

Existe un enfoque intrigante que permite abordar la cuestión desde la ciencia en lugar de a partir de los escritos. Las investigaciones médicas aportan interesantes indicios de que todas las imágenes pictóricas de Dios y del cielo en realidad son elaboraciones mentales grabadas en el cerebro por la sociedad. Miles de personas han conocido experiencias cercanas a la muerte y han regresado con descripciones de Dios y del cielo. Si quienes optan por las interpretaciones literales estuvieran en lo cierto, las descripciones deberán coincidir entre ellas, pero no es así. Siguen diferentes patrones. Los niños, por ejemplo, suelen describir el cielo como un lugar bucólico donde juegan cachorritos. Los adultos suelen hacer referencia a prados verdes, pero también describen un vasto cielo azul despejado. Muy pocos hablan de la detallada jerarquía de ángeles alrededor del trono que popularizó Dante en su *Paraíso,* pero esta es una creación teológica de la Edad Media que se inspiró en el Apocalipsis, no en Jesús.

La idea fundamental consiste en que vemos lo que queremos ver, y al igual que las culturas varían, también la ubicación de Dios cambia. En Oriente los complejos «bardo» de los budistas y las innumerables *lokas* de los hindúes sustituyen al cielo cristiano. Dado que todas estas visiones acontecen en la mente, cuesta escapar a la conclusión de que tal vez sean creaciones mentales.

Lo mismo ocurre con nuestra imaginería de Dios. Jesús se burla de los sacerdotes que creen conocer a Dios. Entre los seguidores de Jesús se contaban personas muy diferentes, cada una de ellas con su propio concepto de Dios. En general, un judío devoto habría aceptado la ortodoxia de la Biblia, pero, para empezar, el Antiguo Testamento no describe a Dios como a una persona. Moisés se enfureció con su hermano Aarón por adorar un becerro de oro, pues la idolatría deshonra el principio básico del judaísmo según el cual Dios es abstracto e inimaginable. Trasciende lo corpóreo hasta tal punto que resulta imposible pensar o hablar de su misterio (incluso el nombre de Yahvé debía escribirse en código u omitirse por miedo a blasfemar). Sin embargo, dada la naturaleza humana, la gente convirtió a Dios en un padre benigno, un castigador irascible, un juez imparcial: en otras palabras, en todas las manifestaciones del ser humano. Dios pasó a ser creado a imagen del hombre, no al revés.

Jesús recurre a esas imágenes utilizando con frecuencia la palabra «padre» pero también utiliza otras imágenes cuando las necesita. ¿No significa esto que, como cualquier creyente actual, Jesús pensaba en Dios como en una persona? Yo opino que, en su caso, «padre» sustituye a algo indescriptible. En la tradición hebrea, el sagrado nombre de Dios, Yahvé, no podía ser escrito ni pronunciado. Todas las referencias se hacían de manera indirecta. (Esta tradición aún se conserva entre algunos creyentes, judíos y cristianos, que escriben «D-S» en lugar de «Dios».) Comenzaron a emplearse diversos sinónimos, tales como rey, creador, señor, todopoderoso y padre. Se entendía que eran sustitutos. En la actualidad la gente dice «Dios Padre» como si se refiriesen a un ente real. No creo que Jesús estuviese de acuerdo. Cuando Jesús dice que él y el Padre son uno, o que él está en el Padre y el Padre está en él, se refiere a algo más místico.

Resulta desconcertante la frecuencia con que Jesús recurre a Dios como fuente de castigo; cabría pensar que el juez del Antiguo Testamento, de carácter explosivo y reacio a perdonar, no ha cambiado de opinión. Jehová no abandonó la Biblia solo porque un nuevo testamento sustituyera al antiguo. El cristianismo se aprovechó del obstinado castigador patriarcal y de su negativa a ceder el puesto ante un Dios cariñoso. Solo cambió el énfasis, que recayó sobre Cristo como redentor del pecado, el nuevo Adán que guiaría a la humanidad de vuelta a la gracia aunque mereciese ser castigada. El pecado continuaba existiendo, pese a la solemne promesa de perdón de Jesús, y fue necesario conservar, tal como Jesús hizo, el viejo esquema de cielo e infierno.

Por último, el Reino de Dios jamás podría ser una sola cosa. Debía servir a muchos propósitos y participaba de demasiados aspectos de la religión tradicional. Creo que la única manera de resolver el enigma del Reino de Dios consiste en afirmar que Dios existe en distintos lugares dependiendo del nivel de conciencia de cada uno. Esta cuestión adquiere mayor importancia en el camino espiritual, porque a medida que tu conciencia cambia, Dios también lo hace.

El camino hacia el cielo

Sobre lo que no cabe la menor duda es que Jesús indicó el camino hacia el cielo a aquellos que lo buscaban. Encontrar a Dios era un misterio, pero en términos más mundanos podía considerarse un proceso, no un salto ni una promesa que se cumpliría automáticamente con el sonido de las últimas trompetas. Quizá se tratase de un mensaje reservado a los discípulos más cercanos, ya que en los Evangelios hay momentos en los que Jesús promete una recompensa para los justos solo por creer en él. En las bienaventuranzas solo se exige de humildad: «Benditos los pobres de espíritu, pues de ellos es el reino de los cielos» (Mateo 5, 3). A los cristianos aún les quedaba averiguar cómo vivir según las palabras de Jesús, cuyos mandamientos más simples continuaban siendo los más difíciles de cumplir. Con el correr de los siglos fueron delineándose tres caminos distintos.

El camino de la devoción, basado en la oración, el rezo constante y el amor a Cristo. Por este camino los cristianos se acercan a Dios centrando sus mentes en él. Jesús es la cara humana de Dios, y los devotos lo toman como modelo perfecto de la vida devota.

El camino del servicio, basado en la caridad, el altruismo y la humildad. Consiste en dos principios fundamentales: amar al prójimo como a uno mismo y hacer por los demás lo que desearías que ellos hiciesen por ti. Los cristianos aspiran al desinterés personal, dedicando su vida terrenal a servir humildemente a los pobres. Jesús sirve de modelo por su atención constante a los pobres y a los enfermos.

El camino de la contemplación, monástico, recluido y en la pobreza. Se renuncia totalmente al mundo, escogiendo en ocasiones el retiro y el silencio. Se dedica la vida a la búsqueda del Reino de Dios en el interior. Jesús es el modelo de este camino debido a su comunión interior con Dios.

Otras tradiciones espirituales siguen esos mismos caminos, pero en ninguna los creyentes se encuentran en una situación de desventaja equiparable a la de los cristianos. En los Evangelios, Jesús habla muy poco de la vida cotidiana. Ninguna otra fe da tan pocas explicaciones acerca de lo que su fundador quería que hicieran sus seguidores. Además, como ya hemos visto, Jesús habla en términos absolutos y su voz procede de un lugar eterno, solo en contadas ocasiones lo hace del mundo cotidiano.

Los tres caminos se adaptan a la búsqueda de la conciencia de Dios. El único cambio significativo consiste en que la devoción, el servicio y la contemplación de Dios se dirigen al yo superior o alma. Donde el cristianismo tradicional recurre a Cristo como medio para alcanzar la presencia de Dios, el camino hacia la conciencia de Dios emplea el despertar.

En concreto, seguimos las palabras de Jesús, repetidas a menudo en los Evangelios, acerca de la necesidad de despertar y permanecer despierto.

> Velad, pues, porque no sabéis cuándo vendrá el señor de la casa; si a la tarde, a la medianoche, al canto del gallo o a la mañana. *(Marcos 13, 35)*

Cuando sumamos este mandato a la afirmación de que el Reino de Dios es interior se sobreentiende que el viaje interior exige asimismo que la persona esté despierta. De hecho, es la única manera de recorrer cualquier camino espiritual en toda su plenitud. Las formas tradicionales de devoción, servicio y contemplación no resuelven el problema de la contradicción de Jesús entre la vida interior y la exterior. Tolstói estaba en lo cierto: si sigues la palabra de Jesús al pie de la letra, debes reestructurar completamente tu vida, alejarla de las costumbres terrenales y acercarla a Dios.

Puesto que él es absoluto, Jesús no ofrece un sendero de devoción basado en la oración diaria y la adoración a Dios. Exige una devoción total e incuestionable: Amarás a tu Señor Dios con todo el corazón, y con toda el alma y con toda la mente. En otras palabras, cada pensamiento debe estar dedicado a Dios y cada acción dirigida hacia él. Semejante mandato es impracticable excepto para los más piadosos ermitaños. Lo mismo cabe afirmar del desinterés personal que exige el camino del servicio y la concentración absoluta en la espiritualidad que precisa el camino contemplativo. Pero la negación del mundo conduce a la extinción, por la que nadie puede abogar. Tampoco puede darse por sentado que Jesús deseaba aniquilar nuestro ego y nuestra personalidad en nombre de Dios. Resulta más razonable interpretar que alcanzar el cielo precisa de un proceso de desarrollo.

Si pudiésemos encontrarnos con Jesús en la actualidad tal como fue en la vida real, percibiríamos un salto entre nuestro nivel de conciencia y el suyo. Sabemos que es así cuando nos encontramos con personas inspiradas espiritualmente pero mucho menos iluminadas que Jesús, los piadosos que hay entre nosotros cuya compasión nos devuelve reflejados nuestros defectos espirituales. Si siguiésemos a Jesús tras haberle conocido, tendríamos que sortear esa distancia, situarnos en un camino que se desarrolla con el tiempo. Lo mismo resulta aplicable a un Jesús no presente en carne y hueso; hay que salvar la misma distancia entre el estado de conciencia presente y la conciencia de Dios. La devoción, el servicio y la contemplación continúan siendo formas viables para la transformación personal, pero incluso los más devotos caen en la trampa de creer que la transformación interior no es necesaria, que basta con llevar a cabo suficientes actos de devoción —asistir a misa, orar, hacer donativos— o realizar trabajos de beneficencia entre los pobres y enfermos, o pensar en Dios lo más a menudo posible. Jesús advierte sobre esta trampa en la parábola acerca de la semilla que cae sobre la tierra yerma y no brota. La semilla es su enseñanza; la tierra yerma es una mente que no está preparada para recibir la verdad.

Lo que Jesús no menciona es que la tierra yerma puede ser fértil. Se limita a decir que algunas personas reciben un poco de la verdad, otras reciben gran parte de ella y otras no reciben nada en absoluto. Supongamos que nosotros asimilamos parte de la verdad. En este sentido encajamos en la categoría de discípulos de Jesús. Ni somos un caso perdido ni estamos totalmente realizados en Dios. Recurrimos a Jesús porque él conoce el territorio de lo desconocido, el origen no solo del Mesías, sino de la propia alma.

Segunda parte

El Evangelio de la Iluminación

LEER LO QUE JESÚS DIJO

Cuando Jesús habla con mayor claridad sobre la iluminación toca diversos temas, generalmente de manera breve pero con gran fuerza. He seleccionado diez temas que cubren cada enseñanza significativa sobre la conciencia en palabras de Jesús. Los encabezamientos de los diez temas son los siguientes:

Amor y gracia
Fe
Revelación y redención
Jesús y el ser
Meditación
Contemplación
Oración
Karma; sembrar y recoger
El mundo como ilusión
Unidad

La mayoría de esos temas resultarán familiares. La fe, el amor y la redención siguen siendo importantes en el camino hacia la iluminación, igual que lo son en el cristianismo tradicional. Pero al menos dos temas —el karma y el mundo como ilusión— resultarán novedosos para los cristianos. Sin embargo, el propio Jesús trató el tema del karma cuando dijo «Sembrad y recogeréis» y habló del mundo como ilusión cuando dijo «Estad en el mundo pero no le pertenezcáis». Estas frases, tan conocidas, son más profundas de lo que la mayoría cree. Puede que Jesús no empleara la palabra sánscrita «karma», pero existen pruebas abundantes de que incorporó las lecciones del karma a su visión del mundo.

Los cuatro Evangelios están organizados para que narren una historia; no obstante, lo hacen entremezclando diversos temas. Movidos por el deseo de que cada palabra pareciera eterna, los evangelistas desdeñaban a menudo los conceptos de tiempo y espacio. No reproducen las palabras de Jesús por orden cronológico, lo que podría habernos revelado cómo desarrolló sus ideas. Por ejemplo, ¿bendecía siempre a los pobres y condenaba a los ricos o solo lo hacía en momentos concretos, en referencia a ciertas personas en particular? Jesús debe hablar para todos los tiempos, por eso flota en una especie de ensueño intencionado.

He tenido que escoger entre cientos de versículos, así que he tratado de abarcar todo el espectro de su mensaje, incluso cuando parece mostrarse negativo o desalentador. En contra de la imagen convencional de un Jesús sonriente y benévolo, Cristo también se mostró enfadado, severo e incluso rechazó a aquellos que no pudieron o no quisieron entenderle.

Las traducciones de la Biblia pueden convertirse en un tema espinoso. Yo disponía de más de una docena de traducciones del Nuevo Testamento entre las que podía elegir. Las diferencias entre ellas no dejan de sorprenderme. Veamos por ejemplo uno de los más conmovedores llamamientos de Jesús a los fieles: «A partir de entonces Jesús comenzó a predicar y dijo: "Arrepentíos pues ha llegado el reino de los cielos"» (Mateo 4, 17). Son las palabras de la Biblia del Rey Jaime, escuetas y elocuentes, dirigidas directamente al corazón de los fieles. ¿Transmite el mismo significado, o solo se insinúa, una interpretación más actualizada en la que Jesús dijo a la gente: «Dirigíos hacia Dios y cambiad vuestra manera de pensar y de actuar, ¡pues el reino de los cielos está cerca!»? Pese a los signos de exclamación, Jesús parece tímido; ni siquiera predica, sino que aconseja. ¿O deberíamos centrarnos en una traducción literal, con sus torpezas y falta de gracilidad? «Entonces comenzó Jesús a proclamar, y a decir: "Reformaos vosotros, pues próximo se encuentra el reino de los cielos"».

Me decidí por la Nueva Versión Estándar Revisada porque actualiza el incomparable lenguaje de la Biblia del Rey Jaime sin llegar a modernizarlo del todo. No hace falta sacrificar la perfecta sencillez de un versículo como «Benditos sean los pobres de espíritu pues suyo es el reino de los cielos» (Mateo 5, 3), siempre y cuando el significado quede claro. Sin embargo, cuando ha sido necesario, he alterado ligeramente la construcción de la frase para aclarar su significado.*

* En la traducción al castellano de la Sagrada Biblia se reproduce, siempre que ha sido posible, la versión de la Vulgata Latina de Casiodoro de la Reina y Cipriano Valera en revisión de 1995, o la católica de José Miguel Petisco de la Compañía de Jesús, dispuesta y publicada por el Ilmo. Sr. D. Félix Torres Amat, 7ª edición, Editorial Apostolado de la Prensa, S. A. Madrid, Velázquez, 28, 1958.

Cabe apuntar que los cuatro Evangelios no fueron escritos en griego fluido y que Jesús hablaba un dialecto del arameo propio de la zona de la que procedía, el norte de Galilea. El griego era el idioma utilizado en los mercados en el este del Imperio romano. Los vendedores ambulantes de pescado y de lino gritaban sus precios en esta rudimentaria *lingua franca*; en ella se regateaban los precios y a ella recurrían para entenderse los comerciantes extranjeros venidos de todas partes del Mediterráneo. Eso significa que tenía que ser una lengua básica. Como resultado de ello los cuatro Evangelios son simples y directos. No hacen uso de sutilezas de expresión. Muchos versículos se estructuran a la siguiente forma: «Jesús dijo A y luego dijo B. Jesús dijo C y luego dijo D». Esta sencilla construcción resultaba adecuada para Jesús, que hablaba de forma descarnada y dramática para llamar la atención de la gente. Si abrimos el Nuevo Testamento al azar, nos encontramos con que el capítulo 21 de Mateo contiene la palabra «y» quince veces en los diez primeros versículos, entre ellos: «Entonces los discípulos fueron e hicieron como Jesús les mandó, y trajeron el asna y el pollino; y pusieron sobre ellos sus mantos, y él se sentó encima» (Mateo 21, 6–7).

La visión de Jesús resultaba tan impresionante que inspiró una nueva religión, pero sin la perspectiva de una conciencia elevada, sus enseñanzas se antojan pura fantasía, una esperanza lejana que, en todo caso, solo se cumplirá en el cielo. Los cristianos quieren sentir que su religión es única, y lo logran reivindicando al único hijo de Dios. Pero por lo mismo se arriesgan a quedar excluidos del gran proyecto humano que comenzó siglos antes de Cristo y que continúa en la actualidad. Dicho proyecto consiste en trascender el mundo físico y alcanzar el reino del alma.

Amor y gracia

Jesús se identificó totalmente con el amor y lo predicó con rotundidad: «En esto conocerán todos que sois mis discípulos, si tenéis amor los unos por los otros» (Juan 13, 35). Sin duda «amor» es la palabra que con más fuerza se asocia a Jesús, aun si solo la utiliza en unas cuarenta ocasiones en los cuatro Evangelios; aunque no recuerden nada más acerca de Jesús, la gente continúa repitiendo: «Ama al prójimo como a ti mismo».

En los primeros escritos tras la crucifixión, tales como las cartas de Pablo, se aprecia la maravilla ante la promesa del amor de Dios y el anhelo de transmitir ese mensaje al mundo. Como si Dios hubiese olvidado a la raza humana hasta que Jesús llegó para inyectar de nuevo el amor divino en la vida cotidiana. Él mismo lo plantea así al llamar al amor «nuevo mandamiento». Pese a que el judaísmo ya conminaba a amar a Dios —el Cantar de los cantares de Salomón exalta el amor como ningún pasaje del Nuevo Testamento—, Jesús trata el amor como algo radical, un acontecimiento que cambia la vida. El amor devolverá a Dios a nuestra existencia. El amor hará la paz con nuestros enemigos y llevará el júbilo a nuestros corazones.

¿Qué tiene de nuevo el amor? Cada nueva generación debería plantearse esta pregunta; es la semilla de la búsqueda espiritual. Si no se es capaz de descubrir en qué consiste el amor divino, ningún templo proporcionará la respuesta. Al igual que cualquier otra religión organizada, el cristianismo abandonó hace tiempo al amor como camino radical hacia la transformación, celebrando y respetando las palabras de

Jesús sobre el amor al prójimo mientras sanciona la guerra y la intolerancia. De este modo la Iglesia consiguió ser aceptada por la sociedad, con su sempiterna tendencia a la violencia, pero jamás resolvió el enigma planteado por el principio fundamental de Jesús: ¿Cómo puede una persona amar a otra —vecino, enemigo o familiar— tanto como a sí misma?

Es un reto imposible para el ego. «Yo» siempre será más importante que «Tú». Incluso el amor romántico más profundo, que al comienzo parece fundir totalmente a dos personas, puede derivar en odio y divisiones si el ser amado nos traiciona. El amor intenso que una madre siente por su hijo puede ser interesado o convertir al hijo en un malcriado. La raíz del problema está en la gran distancia que separa el amor divino del amor humano. Como ya hemos visto, se trata de un abismo de conciencia, y tan solo la conciencia puede llevarlo.

El amor humano depende de las relaciones. Las personas más próximas a mí reciben mi amor; las que están lejos de mí, no. En las relaciones espero dar y recibir. Los demás deben merecer el amor que les ofrezco; si no lo merecen, se lo retiraré. En cambio, el amor divino se da gratis, sin ser merecido. La gracia de Dios trasciende cualquier relación. Dios no puede relacionarse de distinto modo con distintas personas. Jesús deja este punto muy claro cuando asegura que Dios ama y perdona a los malvados. No se han ganado su amor a través de algún acto dirigido a Dios. Basta con que existan. Ser es ser amado por Dios.

Sin embargo, hay ocasiones en que Jesús exige que la gente cumpla la ley de Moisés y sea castigada por sus pecados. Dice que para ganarse la salvación deben creer en él como el Mesías y complacer a Dios de maneras materiales, por ejemplo, con la realización de buenas obras. Por tanto, la promesa de la gracia queda manchada por la amenaza de la ira divina si uno no juega el papel que le corresponde en el orden preestablecido.

Un Dios capaz de mostrarse satisfecho o insatisfecho no lleva a la gracia divina, puesto que la esencia de la gracia es el amor incondicional. Existe un modo de resolver esta contradicción, pero no lo encontraremos si elegimos solo el Jesús agradable o el Jesús desagradable, ni manipulando las pruebas para justificar nuestra elección. El fundamentalismo, con su infatigable énfasis en el castigo de los pecados, escoge al Jesús desagradable, mientras que el cristianismo liberal, queriendo que lo consideren totalmente benévolo, prefiere al agradable. Dado que existen versículos bíblicos que contradicen una y otra posición, ninguna resulta del todo satisfactoria. La única forma viable de seguir las enseñanzas de Jesús sobre el amor consiste en igualarlas con el nivel de conciencia de cada uno.

La realidad cambia según los diferentes estados de conciencia, y lo mismo ocurre con el amor. En los niveles inferiores de conciencia nuestra experiencia está dominada por la necesidad de supervivencia, y abundan las amenazas contra nuestro bienestar. El amor se experimenta como algo demasiado temporal y débil para superar la amenaza de la violencia. A este nivel de conciencia nos sentimos víctimas; no vemos señal alguna de que Dios nos observe y mucho menos de que se preocupe por nosotros. En semejante estado la gracia divina se antoja, en el mejor de los casos, una promesa remota. Para que la gracia funcione, la vida ha de cambiar, y para que la vida cambie, antes ha de cambiar la conciencia.

Por eso el amor supone la prueba definitiva. Cada uno de

nosotros comienza percatándose de que el amor ha fracasado en muchos sentidos. Sabemos que no amamos a nuestros enemigos; en ocasiones dudamos de que el amor que sentimos por los seres más cercanos y queridos sea suficiente. Generalmente actuamos a partir de motivos totalmente ajenos al amor, como la codicia o el egoísmo. Miramos a nuestro alrededor y hallamos pocas pruebas de que Dios nos ama de la manera redentora en la que se refiere Jesús. Los indicios de crecimiento interior son esquivos y, en ocasiones, engañosos; fingimos ser mejores de lo que somos o fingimos ver a Dios en cada nube y cada planta. Pero el amor de Jesús es mucho más que una mera sensación de bienestar y satisfacción. Su verdad está relacionada con el poder. Su despertar resulta una experiencia radical y una señal clara de que la conciencia se ha elevado al nivel más alto.

Las enseñanzas de Jesús pueden memorizarse, pero solo se aprenden de verdad cuando uno se convierte en la enseñanza. En cada uno de nosotros existe un instinto innato para el amor. Pero por innato que pueda parecernos el amor, no nos hemos convertido en amor. Escogemos a quién entregar nuestro amor, pero cuando la puerta se cierra, podemos ser muy poco afectuosos. Las lecciones sobre el amor divino que Jesús enseñó nos revelan que el amor está tan lleno de gracia que conduce a la transformación: cambia totalmente a la persona.

Abundancia de gracia

> Oísteis que fue dicho: «Amarás a tu prójimo y odiarás a tu enemigo». Pero yo os digo: Amad a vuestros enemigos,

> bendecid a los que os maldicen, haced bien a los que os odian, y orad por los que os ultrajan y os persiguen, para que seáis hijos de vuestro Padre que está en los cielos, que hace salir su sol sobre malos y buenos y llover sobre justos e injustos. *(Mateo 5, 43-45)*

Este pasaje presenta de forma comprimida todo lo que convierte al amor divino en algo tan bello y sin embargo tan difícil de aplicar en la vida diaria. ¿Cómo puede Jesús esperar de nosotros que seamos como Dios y expresemos amor por todas partes? La respuesta se encuentra en las dos imágenes que escoge: el sol y la lluvia. Son la base de la vida, la fuente de la alimentación. Jesús nos dirige hacia nuestra fuente. En el interior de cada uno reside un alto nivel de conciencia tan constante como el sol y tan vivificador como la lluvia. Es Ser en estado puro, y si no conectas con él, es imposible amar al enemigo. Para mí, este pasaje dibuja una de las líneas divisorias más claras entre la conciencia cotidiana y el estado elevado de conciencia que Jesús predicaba. En otro pasaje nos dice: «Lo que resulta imposible para los mortales es posible para Dios». Palabras que se refieren a amar al enemigo, pero en vez de dejarlo en manos de Dios, nosotros podemos elevarnos a un nivel donde amar a todo el mundo resulta espontáneo y natural.

El amor debería ser total

> Jesús le dijo: «Ama al Señor tu Dios con todo tu corazón, con toda tu alma y con toda tu mente. Este es el más importante y el primero de los mandamientos. Y el segundo es parecido a este: Ama a tu prójimo como a ti mismo. De estos

dos mandamientos pende toda la ley de Moisés y las enseñanzas de los profetas». *(Mateo 22, 37-40)*

Por bello y popular que sea este pasaje, también es uno de los que más división crean. Los cristianos se han dividido entre una selecta minoría capaz de dedicar su vida a amar a Dios, y una vasta mayoría que se dedica a la misma tarea solo durante alguna hora solo los domingos. Pero se trata de una falsa división, ya que presupone erróneamente que Jesús pretendía que se dedicase a su amor grandes cantidades de tiempo y de esfuerzo. Cuando lo que Jesús quería realmente era que ese tiempo fuese absoluto. Si se dedica toda la mente a amar a Dios, se produce un cambio. La mente ya no se encuentra fragmentada y distraída. Ha encontrado su origen, que es Dios, y por tanto amarle resulta natural. Insinuar que se trata de un esfuerzo es como afirmar que amar la música supone un esfuerzo que no deja tiempo para nada más. Ocurre al contrario. Si se ama realmente la música o cualquier otra cosa, ese amor resulta tan natural como el respirar. Eso es lo que Jesús pretendía en cuanto al amor a Dios.

El amor es inocente

Viéndolo Jesús, se indignó y les dijo: «Dejad a los niños venir a mí, y no se lo impidáis, porque de los que se asemejan a ellos es el reino de Dios. En verdad os digo que el que no reciba el reino de Dios como un niño, no entrará en él».

(Marcos 10, 14-15)

Para recalcar la idea de que el amor de Dios debe ser natural y espontáneo, Jesús lo compara con el amor de un niño hacia sus padres. Por tanto, debemos olvidar todo lo que hemos aprendido de adultos sobre el amor. El amor egoísta, condicionado y exigente no puede convertirse en amor a Dios. Debemos trascenderlo.

Vivid con gracia

> Amad, pues, a vuestros enemigos, haced bien, y prestad, no esperando de ello nada; y vuestra recompensa será grande, y seréis hijos del Altísimo, porque él es benigno para con los ingratos y los malos. Sed, pues, misericordiosos, como también vuestro Padre es misericordioso. *(Lucas 6, 35–36)*

Consciente de que la gente debe elevarse desde su estado presente a uno superior, Jesús les pidió que viviesen como si ya lo hubieran alcanzado. Hay que tener en cuenta ambos aspectos. Seguir el camino espiritual requiere tiempo, para que las percepciones y creencias se modifiquen progresivamente. Pero Dios apoya cualquier esfuerzo dirigido hacia la dirección correcta y, por tanto, la mejor manera de vivir en este preciso instante es con la certeza de que la gracia es real, aun si dicha certeza no se hace verdaderamente presente sin un cambio de conciencia.

Amad como yo os amo

«Un nuevo mandamiento os doy: Que os améis unos a otros; así como yo os he amado, debéis amaros también unos a otros». *(Juan 13, 34)*

Ya en el Antiguo Testamento se exige a la gente a que se amen los unos a los otros, así que el aspecto novedoso de este mandamiento se encuentra en las palabras «como yo os he amado». Jesús subraya la importancia de amar tal como lo hace Dios, no de la manera convencional. Los gnósticos lo comprendieron, por eso su versión dice: «Ama a tu hermano como a tu alma, protégele como a la pupila de tu ojo» (Tomás 46). Tan solo cuando otra persona te resulta tan próxima como tu propia alma, tu amor es igual que el de Jesús.

El amor gana el perdón

Entonces, mirando a la mujer, dijo Simón: «¿Ves esta mujer? Entré en tu casa y no me diste agua para mis pies; pero ella ha regado mis pies con lágrimas y los ha secado con sus cabellos. No me diste beso; pero ella, desde que entré, no ha cesado de besar mis pies. No ungiste mi cabeza con aceite; pero ella ha ungido con perfume mis pies. Por lo cual te digo que sus muchos pecados le son perdonados, porque amó mucho; pero aquel a quien se le perdona poco, poco ama». *(Lucas 7, 44–47)*

Jesús amó a los humildes porque no pusieron obstáculos a su amor. Sirvieron sin orgullo, no tenían estatus social que perder. Pero la lección principal consiste en que el ego bloquea el crecimiento espiritual. Del mismo modo que el orgullo impide acoger a Jesús con amor, impedirá acoger a la propia alma. Jesús dijo asimismo en diversas ocasiones que había sido enviado para ayudar a aquellos que más amor necesitaban, entre los que se incluían no solo los pobres y los débiles, sino también los malvados. Se comparó a sí mismo con un médico que atiende a los enfermos, pues los sanos no precisan curación.

Permaneced en mí

> Si permanecéis en mí, y mis palabras permanecen en vosotros, pedid todo lo que queráis y os será hecho. En esto es glorificado mi Padre: en que llevéis mucho fruto y seáis así mis discípulos. Como el Padre me ha amado, así también yo os he amado; permaneced en mi amor. Si guardáis mis mandamientos, permaneceréis en mi amor; así como yo he guardado los mandamientos de mi Padre y permanezco en su amor. Estas cosas os he hablado para que mi gozo esté en vosotros, y vuestro gozo sea completo. *(Juan 15, 7–11)*

Este es uno de los pasajes más largos y elocuentes en que Jesús describe el amor divino. En él invita al lector a formar parte de Jesús, a unirse a él en un amor tan íntimo como el amor por uno mismo. Sin embargo, lo más conmovedor se encuentra en el final, en que Jesús afirma que nuestro amor por él le llena de dicha. Con frecuencia asumimos que Jesús está completo sin nosotros, que nosotros le necesitamos pero él a nosotros no. Jesús predica lo contrario de una forma muy humana. Su propósito consiste en cumplir la voluntad de Dios trayendo el amor a todo el mundo, y el nacimiento de una nueva humanidad le satisfará.

Así pues, nada es más importante que rescatar las enseñanzas de Jesús acerca del amor. No lo pone fácil, porque el amor que pide resulta prácticamente inalcanzable. Vagamos confusos preguntándonos qué clase de amor a Dios espera de nosotros. Nuestra única esperanza consiste en descubrir qué es realmente el amor divino; la alternativa nos ha situado en un camino manchado de sangre y sufrimiento.

Fe

El Jesús que habla en los Evangelios parece obsesionado con la fe. Convierte la fe en una condición para entrar en el cielo y escapar del infierno. Sana a los ciegos y a los lisiados porque tienen fe. Proclama que una brizna de fe puede lograr maravillas.

Los momentos en que se habla de la fe se cuentan entre los más sobrecogedores de los Evangelios:

> En esto, una mujer enferma de flujo de sangre desde hacía doce años se le acercó por detrás y tocó el borde de su manto, porque se decía a sí misma: «Con solo tocar su manto seré salva». Pero Jesús, volviéndose y mirándola, dijo: «Ten ánimo, hija; tu fe te ha salvado». *(Mateo 9, 20–22)*

Ninguna otra virtud es más importante, aparte del amor. La fe era el requisito de una religión nueva que pretendía establecer un vínculo entre sus miembros. Un cristiano debía creer que Jesús era el Mesías y que regresó de la muerte.

Se trata de una cuestión espinosa, porque la iluminación no se basa en la fe. Y tampoco consiste en pasar una prueba de lealtad para demostrar que se es un seguidor devoto. Cuando Jesús le dice a alguien a quien acaba de sanar que su fe ha hecho posible el milagro, se entiende que Dios no realiza milagros para los infieles.

Sin embargo, fuera del mundo occidental, la fe suele conformar solo una pequeña parte de la imposición sanadora de manos. Situar la fe en el centro de la vida religiosa es una característica propia del cristianismo.

¿Por qué eso constituye para nosotros una dificultad? Porque cada vez que Jesús proclama que la fe es necesaria para que se obren milagros, no se centra en otras técnicas espirituales que podrían ayudar a un buscador del camino. En cierto sentido la fe es como una quimera, que se persigue incansablemente pero jamás se alcanza. ¿Dónde podemos encontrar una disciplina práctica y específica similar a la recibida por los budistas zen? La Iglesia de la Edad Media configuró unas disciplinas espirituales extremadamente rigurosas y complejas, pero no fueron dictadas por Jesús.

Los asuntos relacionados con la espiritualidad práctica se hacen a un lado en nombre de la fe en tanto que clave para los milagros y la entrada en el Reino de los Cielos. La manera de sortear este dilema consiste en comprender que Jesús podría estar refiriéndose a la fe como se experimenta en un estado de conciencia más elevado. En otras palabras, basta con una brizna de fe para mover montañas si, como Jesús, se tiene conciencia de Dios. Puesto que Jesús pretendía situar a sus discípulos a su mismo nivel, donde los milagros suceden naturalmente, creo que esta interpretación es correcta. Antes de la conciencia de Dios, se necesita fe por muchas razones: para continuar por el camino, para ser fiel a la visión personal, para confirmar que Dios está de nuestra parte y, sobre todo, para reunir el valor necesario para adentrarnos en lo desconocido. Pero al final, cuando comienzan los milagros, la fe en Dios es igual que la fe en uno mismo.

En cuanto consideramos a Jesús un maestro de la iluminación, la idea de fe cambia. No necesitamos tener fe en el Mesías o en su misión. Tenemos fe en la visión de una conciencia superior. Son muchos los momentos en que precisamos, a veces desesperadamente, una fe así, porque en el camino estamos solos. Las experiencias personales te pertenecen solo a ti y, a medida que fluyen y refluyen, acercándonte o alejándote del alma, necesitas confiar en que la meta es real. En tal caso Jesús nos es de gran ayuda, pues no ha habido nadie en la historia que estuviese más seguro de que Dios y el Reino de los Cielos habitan en nuestro interior.

La fe y la luz

> Entre tanto que tenéis la luz, creed en la luz, para que seáis hijos de luz. *(Juan 12, 36)*

Esta es una de las declaraciones más concisas y convincentes pronunciadas por Jesús acerca de la fe. En vez de decir «creed en mí», dirige a sus seguidores hacia su esencia, que es la luz de la conciencia pura. De este modo el libro de Juan aleja el centro de atención del culto a Jesús y lo redirige hacia un significado espiritual más profundo.

Dios proveerá

> ¿Y quién de vosotros podrá, por mucho que se angustie, añadir a su estatura un codo? Y por el vestido, ¿por qué os angustiáis? Contemplad los lirios del campo, cómo crecen: no labran, ni tampoco hilan. Sin embargo os digo que ni Salomón con toda su gloria se vistió como uno de ellos. Y si la hierba del campo, que hoy es y mañana se quema en el horno, Dios la viste así, ¿no hará mucho más por vosotros, hombres de poca fe? *(Mateo 6, 27–30)*

En el Sermón de la Montaña Jesús ofrece una idea tan simple y revolucionaria que cambia todo lo que suponemos sobre la existencia. Esta es la idea: dejad que Dios se encargue de todo.

En este versículo incluso la más básica necesidad, la ropa, se deja en manos de Dios. Pero Jesús sabía que la elaboración de ropa requiere trabajo, así que ¿qué quiso decir al proclamar que Dios proveería? El quid de la cuestión es la libertad. Libres del trabajo duro, las preocupaciones y el sufrimiento, comprobamos que la naturaleza lo suministra todo. Generalmente nos consideramos criaturas complejas, lo opuesto a los lirios del campo, porque nuestra existencia depende del esfuerzo. Para Jesús, esto es un error.

Puesto que nos parecemos más a Dios en nuestra capacidad de ser conscientes, Dios nos provee en mayor medida que a las plantas y a los animales. Pero no lo hace de la misma forma. Al tener conciencia, recibimos nuestro sustento mediante la mente. El mundo físico procede de la mente de Dios, y cuando nos acercamos a él, toda la creación forma parte de nosotros. Literalmente, la gloria divina nos reviste. Sin fe, esta gloria permanece oculta a la vista. Creemos que el mundo está separado de nosotros y generalmente se muestra hostil a nuestras necesidades. Resulta necesario para Jesús, en su superior estado de conciencia, mostrarnos un enfoque que nos libere de esa percepción limitada. Una vez liberados, disfrutamos sin problemas de la gloria, como los lirios del campo.

Creed en una visión

Buscad primeramente el reino de Dios y su justicia, y todas estas cosas os darán por añadidura. Así que no os angustiéis por el día de mañana, porque el día de mañana traerá su propia preocupación. Basta a cada día su propio afán. *(Mateo 6, 34–35)*

Este pasaje indica a los oyentes de Jesús la manera de obtener los dones de la Providencia. Jesús ha ido incrementado la tensión hasta este momento declarando en el Sermón de la Montaña que Dios provee todas las necesidades vitales: alimento, ropa y cobijo. Sus oyentes, podemos imaginarlos, esperan con el corazón en un puño saber cómo lo hace Dios, ya que esta idea escapa a sus experiencias personales. Jesús tiene mucho que decir al respecto, pero la primera afirmación es la más importante: Esfuérzate por alcanzar la visión más elevada. El Reino de Dios es un estado interior. En vez de señalar hacia cualquier punto del mundo exterior, Jesús señala hacia dentro, donde se crea la realidad y por tanto donde puede llevarse a cabo.

La puerta se abrirá

Pedid, y se os dará; buscad, y hallaréis; llamad, y se os abrirá. Porque todo aquel que pide, recibe; y el que busca, halla; y al que llama, se le abrirá. *(Mateo 7, 7–8)*

Hay muchas partes de los Evangelios en las que no estoy seguro de escuchar la auténtica voz de Jesús. En este caso, sin embargo, cada palabra suena a verdad, porque Jesús aleja la fe de su persona y la dirige hacia el origen, que está en cada uno. Todo aquel que pide, recibe. Cada pensamiento genera una respuesta; nada se pierde en el universo. La inteligencia divina manifiesta cualquier cosa que podamos imaginar.

Jesús subraya tanto la naturalidad del crecimiento espiritual como su potencial ilimitado. Pero a medida que el Sermón de la Montaña toca a su fin, se asegura de que los oyentes sean conscientes de la elección que tienen ante sí. «A cualquiera, pues, que me oye estas palabras y las pone en práctica, lo compararé a un hombre prudente que edificó su casa sobre la roca» (Mateo 7, 24). La casa es la persona, y la roca sobre la que está construida es una conciencia divina pura, eterna e inalterable.

Nada será imposible

Cuando llegaron adonde estaba la gente, se le acercó un hombre que se arrodilló delante de él, diciendo: «Señor, ten misericordia de mi hijo, que es lunático y sufre muchísimo, porque muchas veces cae en el fuego y muchas en el agua. Lo he traído a tus discípulos, pero no lo han podido sanar». Respondiendo, Jesús dijo: «¡Generación incrédula y perversa! ¿Hasta cuándo he de estar con vosotros? ¿Hasta cuándo os he de soportar? Traédmelo acá». Entonces reprendió Jesús al demonio, el cual salió del muchacho, y este quedó sano desde aquella hora.

Se acercaron entonces los discípulos a Jesús y le preguntaron aparte: «¿Por qué nosotros no pudimos echarlo fuera?» Jesús les dijo: «Por vuestra poca fe. De cierto os digo que si tenéis fe como un grano de mostaza, diréis a este monte: "Pásate de aquí allá", y se pasará; y nada os será imposible. Pero este género no sale sino con oración y ayuno».

(Mateo 17, 14–20)

Jesús no está de mal humor. Se siente frustrado y decepcionado por sus seguidores. Anteriormente les había dicho que tenían el poder de sanar, pero en esta ocasión han fracasado. Ahora Jesús debe enfrentarse de nuevo a las diferencias existentes entre su nivel de conciencia y el del resto del mundo. En cuanto a los milagros, Jesús sitúa un umbral muy bajo: basta una pizca de fe para realizar un milagro. Pero a la vez fija también un umbral muy alto, porque si no realizamos milagros, es que ni siquiera tenemos una pizca de fe. Creo que aquí Jesús exagera para dejar clara su postura: los milagros comienzan por uno mismo. Tienes que encontrar ese lugar dentro de ti donde nada es imposible. La fe por sí sola ya implica todo el camino espiritual que debemos recorrer para llegar hasta donde está Jesús. Él lo expresa de forma concisa: «Lo que es imposible para los hombres, es posible para Dios» (Lucas 18, 27).

Revelación y redención

Jesús fue más que sabio. Recibía el conocimiento directamente de Dios, fuente de su secreta sabiduría. Incluso en la actualidad la mayoría de los cristianos consideran esta conexión algo único. Tan solo el hijo de Dios podía recibir el don de la revelación en cada palabra que decía. Pero en muchas culturas el conocimiento directo es indicativo de un elevado nivel de conciencia. El pensamiento tiene lugar en la mente, pero cuanto más nos acercamos al origen de la mente, se parecen más los pensamientos a revelaciones. Dejamos de considerarlos pensamientos propios, aquellos relacionados con acontecimientos cotidianos y recuerdos personales. Al contrario, tenemos la sensación de que entramos en la realidad. Jesús habló de la realidad divina, la sabiduría revelada del alma. Lo mismo resulta posible para cualquiera que alcance una conciencia superior. Es un aspecto de la intuición, y lo que se revela es la naturaleza del alma o del ser elevado.

La revelación fue la principal fuente de comunicación que Jesús empleó. Los discípulos hacen una pregunta y Jesús contesta como lo haría Dios. En resumidas cuentas, la mente de Jesús era la mente de Dios. Jesús no tenía que interpretar nada; se guiaba por la verdad pura. Ni que decir tiene que Jesús constituye un modelo desalentador. ¿De verdad podemos esperar que nuestros pensamientos procedan directamente de Dios?

¿Por qué no? Todo el mundo sabe en qué consiste tener un momento de inspiración; a todos se nos han ocurrido ideas que parecen no provenir de ninguna parte, o nos han asaltado destellos de comprensión. Son muestras de una conciencia elevada. O, por decirlo de otro modo, ¿qué sentido tendría seguir el camino espiritual si la mente no cambia? La esperanza de alcanzar la comprensión y la intuición al hacer el camino resulta razonable, y Jesús no quiso presentarse como un fenómeno sobrenatural, sino como un ejemplo de alguien que ha logrado ese objetivo.

Efectivamente, hay momentos en que Jesús da la impresión de ostentar una posición única. Tan solo el Hijo de Dios sabe lo que el Padre desea comunicar. Una y otra vez Jesús repite la frase «El Padre y yo somos uno». Pero también sostiene la promesa de la revelación a sus discípulos. Les hace una promesa, «y conoceréis la verdad, y la verdad os hará libres» (Juan 8, 32). Se refiere a la verdad revelada, la que surge de una auténtica conexión con Dios.

Para Jesús, la verdad no era abstracta, era práctica; liberaba a la gente de cualquier atadura. Por lo tanto, la revelación está relacionada con la redención. Tradicionalmente, redención significa encontrar la religión y ser recompensado con el cielo tras la muerte. Pero ser liberado mediante la verdad es una promesa que puede cumplirse aquí y ahora. La libertad tras la muerte implica que no hay escapatoria para los vivos, y eso no es lo que Jesús tenía en mente. Un alma redimida es un alma que ha despertado. Morir no es un requisito.

El viaje del alma comienza en la oscuridad, donde la verdad se enmascara o malinterpreta. El viaje progresa a diario, apartando los obstáculos que se interponen ante la verdad. A veces saltamos hacia la luz, damos grandes brincos que nos liberan de la tenaza de una creencia ignorante. Con todo, lo más habitual es que la revelación avance paso a paso, de conocimiento en conocimiento. Jesús habla sobre ambos aspectos del viaje.

Dios llegará pronto

> El tiempo se ha cumplido y el reino de Dios se ha acercado. ¡Arrepentíos y creed en el Evangelio! *(Marcos 1, 15)*

Jesús anuncia varias veces en los Evangelios que «el reino de Dios se ha acercado», pero este es el momento más dramático, porque acaba de ser bautizado, se ha adentrado en el desierto y ha regresado a Galilea. Sus primeras palabras tras ser reconocido mensajero de Dios indican a la gente que ha venido en misión de rescate para salvar al mundo. Esta sensación de urgencia no se dirige exclusivamente a los judíos bajo el yugo del Imperio romano. Ese «se ha acercado» nos anima a todos nosotros a encontrar a Dios en nuestro interior.

Redimíos

> Escuchad la palabra; comprended el conocimiento; amad la vida, y nadie os perseguirá, ni os oprimirá, salvo vosotros mismos. *(Apócrifo de Jesús 9, 19–24)*

En este caso he hecho una excepción al incluir un escrito gnóstico esotérico porque sus oportunos versículos expresan muy bien el mensaje. Los gnósticos se centraban en la redención personal y, en esta cita, Jesús afirma que el conocimiento y el amor abren el camino y que los únicos obstáculos que existen son los que nosotros ponemos.

El mismo documento continúa de manera elocuente: «No convirtáis el reino de los cielos en un desierto interior. No seáis orgullosos porque os ilumina la luz, sino trataos como yo os trato».

La muerte y la nueva vida

> En verdad, en verdad os digo que si el grano de trigo que cae en la tierra no muere, queda solo, pero si muere, lleva mucho fruto. El que ama su vida, la perderá; y el que odia su vida en este mundo, para vida eterna la guardará.
>
> *(Juan 12, 24–25)*

Este pasaje trata sobre la transformación. Jesús dice a sus discípulos que su antiguo ser debe morir para alcanzar el nuevo ser. Como tenía por costumbre, convirtió la enseñanza en un asunto de vida y muerte porque así conseguía el máximo dramatismo. En este caso explica que si sientes apego por tu viejo ser, la muerte es inevitable. Debes considerar que tu ser es una semilla. Una vez plantada, la semilla morirá, pero de esa extinción emerge la recompensa de una nueva vida, una vida más allá de la muerte.

La revelación es vuestra

> Dijo Jesús: «Quien bebe de mi boca, vendrá a ser como yo; y yo mismo me convertiré en él, y lo que está oculto le será revelado». *(Tomás 83)*

Como el movimiento gnóstico se basaba en la revelación personal, desencadenó las sospechas de la Iglesia oficial, que se sentía amenazada por unas revelaciones que podían acontecer a cualquiera al margen de la infraestructura religiosa. De ahí que condenara creencias gnósticas como esta. Pero si las consideramos a la luz de la conciencia elevada, lo que Jesús dijo resultaba innegable: cualquiera que alcance la conciencia de Dios conocerá la verdad revelada.

Nada permanece oculto

> Porque nada hay encubierto que no haya de descubrirse, ni oculto que no haya de saberse. Por tanto, todo lo que habéis dicho en tinieblas, a la luz se oirá; y lo que habéis hablado al oído en los aposentos, se proclamará en las azoteas.
> *(Lucas 12, 2–3)*

Jesús advierte a sus seguidores que no sean hipócritas como los fariseos, un aviso bastante frecuente en él. Pero el mensaje va más allá. A lo largo del camino nos encontramos con cosas que preferiríamos mantener en la oscuridad, no solo secretos sino también cualquier forma de energía negativa. Pero esconderse del miedo, el enfado, la vergüenza y la culpa no sirve de nada. A los ojos de Dios todo ha sido revelado. Cuando portamos la verdad en el corazón nos es más fácil admitir nuestros secretos y, así, liberarlos. Esta es una de las herramientas fundamentales para alcanzar la redención.

El perdón

Si tu hermano peca contra ti, repréndelo; y si se arrepiente, perdónalo. Y si siete veces al día peca contra ti, y siete veces al día vuelve a ti, diciendo: «Me arrepiento», perdónalo. *(Lucas 17, 3–4)*

El cristianismo carga con unas expectativas imposibles, una de ellas derivada del hecho del que Dios perdonará todos los pecados a través de Jesús. Esta doctrina tipo «todo en uno» nos desconcierta, no sabemos reaccionar ante el mal propio o ajeno. En este caso, Jesús convierte el perdón en un proceso, lo cual se ajusta más al crecimiento espiritual: Dios eliminará la consecuencia del pecado cuantas veces sea necesario antes de que el arrepentimiento —abandonar el acto incorrecto— acabe funcionando.

Conócete a ti mismo

Dijo Jesús: «Si aquellos que os guían os dijeren: "Ved, el Reino está en el cielo", entonces las aves del cielo os tomarán la delantera. Y si os dicen: "Está en la mar", entonces los peces os tomarán la delantera. Mas el Reino está dentro de vosotros y fuera de vosotros. Cuando lleguéis a conoceros a vosotros mismos, entonces seréis conocidos y caeréis en la cuenta de que sois hijos del Padre Viviente. Pero si no os conocéis a vosotros mismos, estáis sumidos en la pobreza y sois la pobreza misma». *(Tomás 62)*

Una enseñanza gnóstica como esta nos habla de manera más directa que la mayoría de los escritos de los cuatro Evangelios. Resulta irónico, quizá incluso trágico, que los buscadores encontraran el camino hacia la iluminación tan pronto (el libro de Tomás data más o menos de la misma época que los Evangelios), y tuvieran que oír que ellos estaban equivocados y la Iglesia tenía razón. Pero eso ocurrió hace mucho y ahora disponemos de la libertad para pensar que las palabras de Jesús sobre el conocimiento personal son tan genuinas como el resto de sus enseñanzas o quizá incluso más.

El buen pastor

> Si un hombre tiene cien ovejas y se descarría una de ellas, ¿no deja las noventa y nueve y va por los montes a buscar la que se ha descarriado? Y si acontece que la encuentra, de cierto os digo que se regocija más por aquella que por las noventa y nueve que no se descarriaron. De igual modo, no es la voluntad de vuestro Padre que está en los cielos que se pierda uno de estos pequeños. *(Mateo 18,12–14)*

Aparte de la amenaza del castigo citada en el Día del Juicio, Jesús emplea la agradable imagen del pastor que rescata a cada oveja perdida sin olvidarse de ninguna. Entonces comprendemos que la redención es un acto que nace del amor y el cariño.

El conocimiento directo

Escudriñáis las Escrituras, porque a vosotros os parece que en ellas tenéis la vida eterna, y ellas son las que dan testimonio de mí; y no queréis venir a mí para que tengáis vida.

(Juan 5, 39-40)

Jesús establece que el conocimiento alcanzado por terceros no sustituye al conocimiento directo. Este pasaje podría interpretarse como una alarmante advertencia de que no se han de leer los Evangelios si se desea saber la verdad, pero lo más significativo radica en que Jesús refuerza su mensaje de que el Reino de Dios es interior.

¿Cuándo llegará el Reino?

Sus discípulos le preguntaron: «¿Cuándo hallarán paz los muertos? ¿Cuándo llegará el nuevo mundo?». Y Jesús contestó: «Lo que esperabais ya ha llegado, pero no lo habéis visto». *(Tomás 144)*

Este pasaje gnóstico es un recordatorio útil de que el Día del Juicio no es un momento literal, sino un acontecimiento que ocurre en el interior, al nivel del alma.

Jesús y el ser

Jesús dedicó muchas enseñanzas al tema del ser, entendido como el conjunto de diferentes aspectos de lo que denominamos «yo». En este conjunto se engloban el ego, la personalidad y el alma. No están dispuestos de manera ordenada en diferentes compartimientos, sino entremezclados de manera confusa. A veces nos sentimos próximos al alma, y otras, todo lo contrario. Las más de las veces nos sentimos confusos, incapaces de comprender qué es el alma y qué quiere.

Jesús dedicó mucho tiempo a aclarar esa confusión. Dijo: «No me comprendéis» para sustentar una verdad más profunda: «No sabéis quiénes sois en realidad». Al decirle a la gente quiénes son en realidad, dibuja un nuevo tipo de ser humano que acepta que ser uno con Dios constituye nuestro estado natural y más elevado.

Todos los grandes maestros espirituales quieren que cambiemos, y el ser es el vehículo que lleva a ese cambio. Renovarse es imposible a menos que la persona que habitamos a diario y que reconocemos en el espejo comience a abandonar viejos hábitos y condicionamientos.

Las Bienaventuranzas

Viendo la multitud, subió al monte y se sentó. Se le acercaron sus discípulos, y él, abriendo su boca, les enseñaba diciendo:

«Bienaventurados los pobres en espíritu, porque de ellos es el reino de los cielos. Bienaventurados los que lloran, por-

que recibirán consolación. Bienaventurados los mansos, porque recibirán la tierra por heredad. Bienaventurados los que tienen hambre y sed de justicia, porque serán saciados. Bienaventurados los misericordiosos, porque alcanzarán misericordia. Bienaventurados los limpios de corazón, porque verán a Dios. Bienaventurados los pacificadores, porque serán llamados hijos de Dios. Bienaventurados los que padecen persecución por parte de la justicia, porque de ellos es el reino de los cielos. Bienaventurados seréis cuando por mi causa os insulten, os persigan y digan toda clase de mal contra vosotros, mintiendo. Gozaos y alegraos, porque vuestra recompensa es grande en los cielos, pues así persiguieron a los profetas que vivieron antes de vosotros».
(Mateo 5, 1–12)

Estos son los versículos más conocidos del Sermón de la Montaña. Ensalzan la paz, la humildad, la fe, la compasión y demás virtudes de los honrados. Considero que sería un error creer que Jesús estaba ofreciendo una prueba de fuego de a quién ama Dios. Demasiado a menudo nos tienta compararnos con un ideal que nunca alcanzamos. No era esa la intención de Jesús. Jesús alaba a los virtuosos, pero no condena a los demás. Las Bienaventuranzas deben entenderse como una fuente de inspiración para la clase de transformaciones que acontecen en el camino. Aferrémonos a esta idea del perfecto cristiano, pero siendo realistas en cuanto a las cualidades de cada cual.

Ser desinteresado

Entonces él se sentó, llamó a los doce y les dijo: «Si alguno quiere ser el primero, será el último de todos y el servidor de todos». *(Marcos 9, 35)*

Cuando Jesús le decía a la gente cómo debían comportarse en el mundo consideraba prioritario el desinterés personal. En términos actuales, aludía a la desintegración del ego y su incesante autosuficiencia. Pero sus oyentes del siglo primero vivían en un mundo donde los señores estaban muy por encima de los sirvientes y ejercían un poder total sobre ellos, así que en aquella época las enseñanzas de Jesús resultaban aún más radicales. No obstante, su doctrina «los últimos serán los primeros» no perseguía un vuelco del orden social. Buscaba revelar una verdad más profunda, que el espíritu ha sido relegado al último lugar en el mundo y merece ocupar el primero.

Dios te valora

¿No se venden dos pajarillos por un cuarto? Con todo, ni uno de ellos cae a tierra sin el permiso de vuestro Padre. Pues bien, aun vuestros cabellos están todos contados. Así que no temáis; más valéis vosotros que muchos pajarillos.

(Mateo 10, 29–31)

Cuando más intenta tranquilizar a los discípulos, más los desconcierta. En este caso Jesús promete que Dios controla hasta el más mínimo detalle de nuestras vidas, pero todos sabemos —como debían de saber sus oyentes— qué significa sentirse solo y olvidado de Dios. A mi modo de entender, no podemos saber de verdad si Dios nos observa a menos que podamos verle. En otras palabras, necesitamos conocer el procedimiento mediante el cual una deidad invisible actúa en el mundo que nos alimenta y nos protege. Un conocimiento que solo podemos alcanzar tras una búsqueda seria y diligente: iniciando el camino hacia la conciencia de Dios.

Vosotros sois la luz del mundo

> Vosotros sois la luz del mundo; una ciudad sentada sobre un monte no se puede esconder. Ni se enciende una luz y se pone debajo de una vasija, sino sobre el candelero para que alumbre a todos los que están en casa. Así alumbre vuestra luz delante de los hombres, para que vean vuestras buenas obras y glorifiquen a vuestro Padre que está en los cielos.
>
> *(Mateo 5, 14–16)*

Jesús repitió constantemente a sus discípulos que su esencia era el espíritu. Los gnósticos conceden gran importancia a este versículo, que reformularon con mayor énfasis: «Dijo Jesús: "Si os preguntan: '¿De dónde habéis venido?' decidles: 'Nosotros procedemos de la luz, del lugar donde la luz tuvo su origen por sí misma'. Si os preguntan: '¿Quiénes sois vosotros?', decid: 'Somos sus hijos y somos los elegidos del Padre Viviente' ".» (Tomás 143).

Un segundo nacimiento

Nicodemo le preguntó: «¿Cómo puede un hombre nacer siendo viejo? ¿Puede acaso entrar por segunda vez en el vientre de su madre y nacer?». Respondió Jesús: «En verdad, en verdad te digo que el que no nace del agua y del Espíritu no puede entrar en el reino de Dios. Lo que nace de la carne, carne es; y lo que nace del Espíritu, espíritu es. No te maravilles de que te dije: "Os es necesario nacer de nuevo". El viento sopla de donde quiere, y oyes su sonido, pero no sabes de dónde viene ni a dónde va. Así es todo aquel que nace del Espíritu». *(Juan 3, 4–8)*

Este pasaje es rico y está expresado con gran belleza. Aborda una queja muy contemporánea: la falta de una prueba que demuestre la existencia de Dios. Jesús dice que la prueba es sutil y se presenta en momentos inesperados. Compara la acción del espíritu con la del viento, que todo el mundo puede oír pero no todo el mundo ve. Nuestro renacimiento ocurre a ese nivel sutil, en que la percepción varía y la persona de pronto se percata de que el espíritu siempre ha estado ahí, como el viento que se ha dado por descontado.

Vino viejo en odres nuevos

Les dijo también una parábola: «Nadie corta un pedazo de un vestido nuevo y lo pone en un vestido viejo, pues si lo hace, no solamente rompe el nuevo, sino que el remiendo

> sacado de él no armoniza con el viejo. Y nadie echa vino nuevo en odres viejos; de otra manera, el vino nuevo romperá los odres y se derramará, y los odres se perderán. Pero el vino nuevo en odres nuevos se ha de echar, y lo uno y lo otro se conservan. Y nadie que haya bebido del añejo querrá luego el nuevo, porque dice: "El añejo es bueno"».
>
> *(Lucas 5, 36–39)*

Este pasaje es interesante porque en algunas versiones la frase dice: «El vino añejo es mejor». Jesús se refiere a la cantidad de gente que preferiría acatar las viejas leyes antes que seguirle a él y su nueva verdad, pero sus palabras también pueden aplicarse a las creencias en términos generales. Nos resistimos a renunciar a nuestras viejas creencias, así que como mucho tratamos de combinar cautelosamente lo conocido con lo nuevo y desconocido. Jesús argumenta que ese sistema no funciona. Él trae algo radicalmente nuevo que debe ser aceptado en sus propios términos.

Donde está el corazón

> Haceos bolsas que no se envejezcan, tesoro en los cielos que no se agote, donde ladrón no llega ni polilla destruye. Porque donde está vuestro tesoro, allí estará también vuestro corazón. *(Lucas 12, 33–34)*

En mi opinión este es uno de los comentarios más astutos de Jesús sobre la naturaleza humana. Lo que más valoras se convierte, por razones prácticas, en tu idea de Dios.

Aprovechad los dones de Dios

El reino de los cielos es como un hombre que, yéndose lejos, llamó a sus siervos y les entregó sus bienes. A uno dio cinco talentos, a otro dos y a otro uno, a cada uno conforme a su capacidad; y luego se fue lejos. El que recibió cinco talentos fue y negoció con ellos, y ganó otros cinco talentos. Asimismo el que recibió dos, ganó también otros dos. Pero el que recibió uno hizo un hoyo en la tierra y escondió el dinero de su señor.

Después de mucho tiempo regresó el señor de aquellos siervos y arregló cuentas con ellos. Se acercó el que había recibido cinco talentos y trajo otros cinco talentos, diciendo: «Señor, cinco talentos me entregaste; aquí tienes, he ganado otros cinco talentos sobre ellos». Su señor le dijo: «Bien, buen siervo y fiel; sobre poco has sido fiel, sobre mucho te pondré. Entra en el gozo de tu señor». Se acercó también el que había recibido dos talentos y dijo: «Señor, dos talentos me entregaste; aquí tienes, he ganado otros dos talentos sobre ellos». Su señor le dijo: «Bien, buen siervo y fiel; sobre poco has sido fiel, sobre mucho te pondré. Entra en el gozo de tu señor». Pero acercándose también el que había recibido un talento, dijo: «Señor, te conocía que eres hombre duro, que siegas donde no sembraste y recoges donde no esparciste; por lo cual tuve miedo, y fui y escondí tu talento en la tierra; aquí tienes lo que es tuyo». Respondiendo su señor, le dijo: «Siervo malo y negligente, sabías que siego donde no sembré y que recojo donde no esparcí. Por tanto, debías haber dado mi dinero a los banqueros, y, al venir yo,

> hubiera recibido lo que es mío con los intereses. Quitadle, pues, el talento y dadlo al que tiene diez talentos, porque al que tiene, le será dado y tendrá más; y al que no tiene, aun lo que tiene le será quitado. Y al siervo inútil echadlo en las tinieblas de afuera: allí será el llorar y el crujir de dientes».
>
> *(Mateo 25,14–30)*

Si se tiene en cuenta la cantidad de veces que Jesús habló en contra de la riqueza, el significado de esta parábola podría resultar confuso. Pero en esta ocasión las monedas que el señor entrega son regalos de Dios, específicamente, el don del conocimiento adquirido mediante Jesús. La moraleja es en que una vez has escuchado la verdad sobre Dios, que se te ha ofrecido gratuitamente, no puedes enterrarla en tu interior, sino que debes actuar para que crezca.

Como crece una semilla plantada

> El reino de Dios viene a ser a manera de un hombre que siembra su heredad; y ya duerma, o vele, noche y día el grano va brotando y creciendo sin que el hombre lo advierta. Porque la tierra de suyo produce primero el trigo en hierba, luego la espiga, y por último el grano en la espiga. Y después que está el fruto maduro, inmediatamente se le echa la hoz, porque llegó ya el tiempo de la siega. *(Marcos 4, 26–29)*

Este pasaje trata sobre cómo el espíritu crece en el interior. Asegura a todo el que se encuentra en el camino que la iluminación crece de manera natural. Primero se planta la verdad en nuestro interior, donde crece hasta que llega la siega, la conciencia de Dios. También es una lección de paciencia, ya que una semilla crece despacio y oculta a la vista.

Edificad sobre cimientos sólidos

¿Por qué me llamáis «Señor, Señor» y no hacéis lo que yo digo? Todo aquel que viene a mí y oye mis palabras y las obedece, os indicaré a quién es semejante. Semejante es al hombre que, al edificar una casa, cavó y ahondó y puso el fundamento sobre la roca; y cuando vino una inundación, el río dio con ímpetu contra aquella casa, pero no la pudo mover porque estaba fundada sobre la roca. Pero el que las oyó y no las obedeció, semejante es al hombre que edificó su casa sobre tierra, sin fundamento; contra la cual el río dio con ímpetu, y luego cayó y fue grande la ruina de aquella casa. *(Lucas 6, 46–49)*

Jesús se refiere a la necesidad de creer en él y en sus enseñanzas. Pero Jesús es la luz. Por tanto, también puede decirse que los sólidos cimientos sobre los que desea que edifiquemos son el espíritu, la luz interior. Aseguró a sus discípulos de diversas maneras que realmente eran fruto de la luz, igual que él.

Persistencia en el camino

Les dijo también: «¿Quién de vosotros que tenga un amigo, va a él a medianoche y le dice: "Amigo, préstame tres panes, porque un amigo mío ha venido a mí de viaje y no tengo qué ofrecerle"; y aquel, respondiendo desde adentro, le dice: "No me molestes; la puerta ya está cerrada y mis niños están conmigo en cama. No puedo levantarme y dártelos"? Os digo que, si no se levanta a dárselos por ser su amigo, al menos por su importunidad se levantará y le dará todo lo que necesite». *(Lucas 11, 5–8)*

Es una buena enseñanza para tener presente cuando tengamos la impresión de que no avanzamos en el camino. No estamos haciendo nada mal. El espíritu crece espontáneamente, a su propio ritmo. Hay que tener paciencia, persistir.

Sed humildes

Cuando seas convidado por alguien a unas bodas no te sientes en el primer lugar, no sea que otro más distinguido que tú esté convidado por él, y viniendo el que te convidó a ti y a él, te diga: «Da lugar este», y entonces tengas que ocupar avergonzado el último lugar. Más bien, cuando seas convidado, ve y siéntate en el último lugar, para que cuando venga el que convidó te diga: «Amigo, sube más arriba». Entonces tendrás el reconocimiento de los que se sientan contigo a la mesa. Cualquiera que se enaltece será humillado, y el que se humilla será enaltecido. *(Lucas 14, 8–11)*

Jesús se refiere con frecuencia a la humildad porque satisface a Dios, y vaticina que los humildes recibirán su recompensa en el otro mundo, donde serán los primeros. En esta ocasión lo enfoca de distinta manera, señala que si nos sentimos importantes y dignos, siempre vendrá alguien de mayor importancia y mérito. Pero me pregunto si este enfoque no se debe en gran medida al evangelista. Los primeros cristianos valoraban la humildad porque eran perseguidos. Este es uno de esos momentos en que alcanzamos a separar la auténtica voz de Jesús de la voz que el evangelista le atribuye.

Dios contra el materialismo

> Ningún siervo puede servir a dos señores, porque odiará al uno y amará al otro, o estimará al uno y menospreciará al otro. No podéis servir a Dios y a las riquezas. *(Lucas 16, 13)*

He aquí una versión gnóstica de la misma enseñanza: «Dijo Jesús: "No es posible que un hombre monte dos caballos y tense dos arcos; no es posible que un esclavo sirva a dos señores, sino que más bien honrará a uno y despreciará al otro"» (Tomás 77). Nótese que el énfasis no recae en el dinero ni el materialismo, sino en una cuestión de lealtad. ¿De qué lado te pones, del de Dios o del mundo? Jesús enseñó sistemáticamente que las personas no somos capaces de dividir nuestra lealtad entre estas dos realidades.

La caída del ego

> Dos hombres subieron al Templo a orar: uno era fariseo y el otro publicano. El fariseo, puesto en pie, oraba consigo mismo de esta manera: «Dios, te doy gracias porque no soy como los otros hombres: ladrones, injustos, adúlteros, ni aun

como este publicano; ayuno dos veces a la semana, diezmo de todo lo que gano». Pero el publicano, estando lejos, no quería ni aun alzar los ojos al cielo, sino que se golpeaba el pecho, diciendo: «Dios, ten misericordia de mí, pecador». Os digo que este descendió a su casa justificado antes que el otro, porque cualquiera que se enaltece será humillado y el que se humilla será enaltecido. *(Lucas 18, 10–14)*

A muchas personas les cuesta aceptar que Jesús les pide que sean los últimos. Pero la enseñanza cobra sentido cuando comprendemos que Jesús habla en términos de ego. Cuando el ego domina, el centro es «yo, mí, mío» y por tanto no una realidad superior. Dios solo se encuentra allí donde no hay ego. Comprender esta verdad constituye el primer paso hacia la humildad. El segundo paso consiste en actuar según el dictado de Jesús y comenzar a derrocar al ego de su estatus autosuficiente.

Aceptar la oferta de Dios

«Por tanto, os digo que el reino de Dios será quitado de vosotros y será dado a gente que produzca los frutos de él » [...]

Respondiendo Jesús, les volvió a hablar en parábolas, diciendo: «El reino de los cielos es semejante a un rey que hizo una fiesta de boda a su hijo. Envió a sus siervos a llamar a los invitados a la boda, pero estos no quisieron asistir. Volvió a enviar otros siervos con este encargo: "Decid a los invitados que ya he preparado mi comida. He hecho matar mis toros y mis animales engordados, y todo está dispuesto;

venid a la boda". Pero ellos sin hacer caso, se fueron: uno a su labranza, otro a sus negocios; y otros, tomando a los siervos, los golpearon y los mataron. Al oírlo el rey, se enojó y, enviando sus ejércitos, mató a aquellos homicidas y quemó su ciudad. Entonces dijo a sus siervos: "La boda a la verdad está preparada, pero los que fueron invitados no eran dignos"». *(Mateo 21, 43; 22, 1–8)*

Este pasaje parece tener dos sentidos. Dios nos invita a su realidad, pero si no aceptamos su invitación, nos castiga. Con demasiada frecuencia se ha hecho hincapié en el castigo. Basta recordar que, a ojos de Jesús, el mero existir fuera de Dios era castigo suficiente, puesto que en el mundo material no pueden evitarse la enfermedad, la vejez y la muerte.

El ciego y el borracho

Dijo Jesús: "Yo estuve en medio del mundo y me manifesté a ellos en carne. Los hallé a todos ebrios y no encontré entre ellos uno siquiera con sed. Y mi alma sintió dolor por los hijos de los hombres, porque son ciegos en su corazón y no se percatan de que han venido vacíos al mundo y vacíos intentan otra vez salir de él. Ahora bien: por el momento están ebrios, pero cuando hayan expulsado su vino, entonces se arrepentirán». *(Tomás 70)*

Pese a no pertenecer a los cuatro Evangelios, esta enseñanza es uno de los momentos en que Jesús describe con mayor patetismo cómo ve a la gente corriente. El Evangelio de Tomás incluye otros dos pasajes similares, pero aún más rotundos. En el primero, cuando sus discípulos mencionan que hay veinticuatro profetas en la Biblia, Jesús responde: «Habéis olvidado al Viviente que está ante vosotros ¡y habláis de los muertos!» (Tomás 75). En cuanto al segundo, podría considerarse la primera ley de los gnósticos: «Jesús dijo: "Yo comunico mis secretos a quien es digno de ellos"» (Tomás 76).

Meditación

El cristiano que busca y quiere encontrar a Dios no es distinto del budista. Ambos se dirigen hacia la propia conciencia. Jesús, sin embargo, no procedía de una tradición meditativa como Buda, y él se centró en la oración, la fe y el conocimiento. No se conservan pruebas escritas de que guiase a sus discípulos hacia la práctica meditativa. La adoración casaba mejor con la tradición judía.

Pero representar a Jesús como una persona tradicional es desdeñar todas las ocasiones en que reprende a la gente por creer que saben dónde está Dios. Jesús señala que la ubicación de Dios es misteriosa, inimaginable. Lo cual concuerda con la iluminación, la transformación, que no es interior ni exterior sino ambas cosas a la vez, donde la línea divisoria entre la realidad «dentro» y «fuera» se difumina, se emborrona y finalmente desaparece. La realidad pasa de la dualidad a la unidad. Mientras esto ocurre, la relación entre los acontecimientos interiores y los exteriores cambia radicalmente. Al fin y al cabo, ¿qué es un milagro sino el mundo exterior obedeciendo una intención de la mente?

¿Podemos considerar a Jesús un gurú, un rabino del Ganges? Desde luego resulta tentador, pues el más detallado conocimiento acerca de la transformación interior proviene de la India y precede a Jesús en miles de años. (Algunos eruditos han descubierto vínculos entre el pensamiento de Jesús y la tradición védica, y muchos especulan con que pudo haber visitado la India o tuviera contacto con comerciantes procedentes de ese país.) Pero orientalizar así a Jesús sería injusto. Sus enseñanzas sobre la vida interior son vagas. Los evangelistas dejan grandes lagunas al respecto y, gracias a ellos y a los primeros padres de la Iglesia, el cristianismo pasó a enfatizar la importancia de la adoración por encima de la trasformación personal, la oración por encima de la meditación, la fe por encima del crecimiento interior.

En el Nuevo Testamento no hay nada equivalente al Salmo 46, «Estad quietos y conoced que yo soy Dios». Resultaría útil que Jesús fuese tan explícito como el Salmo 37: «Guarda silencio ante Jehová y espera en él». No obstante, una cosa es segura: para que una persona entre en el Reino de los Cielos debe experimentar algún tipo de revolución interna; Jesús se muestra claro al respecto. A falta de las técnicas de meditación que Jesús pudo haber enseñado, nos queda el hecho de que para Jesús el estar en Dios o junto a Dios no es una acción, ni siquiera un pensamiento. El ser es eterno. Cuando Jesús dice acerca de sí mismo: «En verdad, en verdad os digo: Antes que Abraham fuera, yo soy» (Juan 8, 58), se refiere a su estado de ser. No habla sobre una encarnación anterior. De ser así, hubiera dicho: «Antes que Abraham, yo era». En cambio utiliza el presente, «yo soy», para indicar una existencia más allá del tiempo. No resulta difícil llegar a la conclusión de que cuando Jesús dijo a sus seguidores que viajasen hacia el interior se refería a que descubriesen ese estado del ser por sí mismos. La meditación, además, se fundamenta en un ser silencioso, ilimitado e inmóvil, lo contrario a la actividad mental. Jesús nos enseña en qué consiste utilizando términos como Uno y Todo para referirse a una realidad que lo abarca todo más allá del mundo material. Jesús denomina a esta realidad su origen y se identifica con ella como su esencia verdadera.

Yo soy todo

Dijo Jesús: «Yo soy la luz que está sobre todos ellos. Yo soy el universo: el universo ha surgido de mí y ha llegado hasta mí. Partid un leño y allí estoy yo; levantad una piedra y allí me encontraréis». *(Tomás 78)*

En los Evangelios Gnósticos encontramos al Jesús más místico, un maestro que va más allá que el Jesús de los cuatro Evangelios para recubrirse de ideas inconcebibles racionalmente. (No debería olvidarse que el libro de Tomás es tan antiguo como los Evangelios.) Desde el comienzo los gnósticos se percataron de que Jesús trataba de transmitir lo inenarrable. El universo (o la Totalidad, según las traducciones) al que aquí hace referencia es el Ser, el principal enigma que los gnósticos deseaban resolver.

En la tradición cristiana, la meditación era la contemplación del misterio de Cristo: se esperaba que la mente profundizase en el misterio hasta que la verdad fuese revelada. Los Evangelios Gnósticos están plagados de acertijos y de declaraciones místicas. Cito tan solo unos ejemplos porque muchos de los Evangelios fueron escritos siglos después. Puede afirmarse casi con total seguridad que no aparecieron en la época de Jesús.

El tesoro eterno

Dijo Jesús: «El reino del Padre se parece a un comerciante poseedor de mercancías, que encontró una perla. Ese comerciante era sabio: vendió sus mercancías y compró aquella perla única. Buscad vosotros también el tesoro imperecedero allí donde no entran ni polillas para devorarlo ni gusano para destruirlo». *(Tomás 83)*

Este pasaje proviene de los Evangelios Gnósticos. La tendencia mística de los gnósticos les llevó a reforzar la idea de que Dios es un tesoro oculto, secreto y difícil de encontrar. En otro punto del Evangelio de Tomás, el Reino de Dios se compara con un tesoro escondido por un granjero en un campo. Ciertamente se oculta de nuestros cinco sentidos y debe buscarse en el terreno de lo eterno.

Un misterio oculto

Todas las cosas me fueron entregadas por mi Padre; y nadie conoce quién es el Hijo, sino el Padre; ni quién es el Padre, sino el Hijo y aquel a quien el Hijo lo quiera revelar. *(Lucas 10, 22)*

Los gnósticos no se alejaban de las palabras de Jesús cuando definían al espíritu como un misterio oculto. Los cuatro Evangelios proclaman lo mismo, como en el pasaje anterior.

El grano de mostaza

Otra parábola les refirió, diciendo: «El reino de los cielos es semejante al grano de mostaza que un hombre tomó y

> sembró en su campo. Esta es a la verdad la más pequeña de todas las semillas, pero cuando ha crecido es la mayor de las hortalizas y se hace árbol, de tal manera que vienen las aves del cielo y hacen nidos en sus ramas». *(Mateo 13, 31–32)*

Jesús recurre a la comparación con el grano de mostaza porque resulta prácticamente invisible pero crece hasta alcanzar un gran tamaño. Me recuerda a la descripción india de Brahma, el Ser Universal, «mayor que los más grandes y menor que los más pequeños». En este pasaje Jesús se acerca al mismo concepto.

Ilimitado y eterno

> Yo soy el Alfa y la Omega, principio y fin, dice el Señor, el que es y que era y que ha de venir, el Todopoderoso.
>
> *(Apocalipsis 1, 8)*

Apenas unas generaciones después de la muerte de Jesús, el componente místico del cristianismo había cobrado ya gran fuerza. Al identificarse con Dios, Jesús forzó a los primeros cristianos a contemplar la naturaleza de Dios para comprenderle. De ahí que, en el Apocalipsis, Cristo regrese como un espíritu puro e infinito, más allá del tiempo y del espacio.

Superar la dualidad

> Dijo Jesús: «Cuando seáis capaces de hacer de dos cosas una sola, seréis hijos del hombre». *(Tomás 172)*

En este versículo gnóstico Jesús hace referencia explícita a la superación de la dualidad, pero en muchas otras ocasiones se dirige a sus oyentes como alguien que, a diferencia de ellos, está en la unidad. En el primer caso, Jesús contempla a su público desde una perspectiva ideal, como a hijos de Dios. En el segundo, se muestra más realista. A lo largo del Nuevo Testamento se debate entre lo ideal y lo práctico. Como cualquier buen maestro, quiere que sus seguidores se inspiren sin perder de vista la vida cotidiana.

Contemplación

Jesús impartió muchas lecciones a sus discípulos para que reflexionasen, y el pensamiento cristiano todavía analiza sus parábolas, dichos e instrucciones. Resulta natural abordar la contemplación después del tema de la meditación, pues ambas van unidas. Ambas dirigen al que busca hacia el interior; ambas se aproximan a Dios desde el plano mental. En la meditación la mente permanece inmóvil, mientras que en la contemplación cierta idea o imagen se expande y adquiere significados más profundos. Cuando contemplamos en profundidad cualquier enseñanza espiritual, nos enfrentamos cara a cara con nosotros mismos y con nuestra visión del mundo.

Y, sin embargo, a veces Jesús no se muestra contemplativo, sino decidido. Se le plantean asuntos espinosos y en un instante se le ocurre una solución breve, poderosa y memorable. Puesto que es el Mesías, ninguna dificultad le supera; los sumos sacerdotes del templo están alienados comparados con él. Jesús adopta la actitud de que, una vez ha hablado, sus palabras no deben cuestionarse.

Los primeros cristianos basaron su fe en las respuestas de Jesús. Pero en otros momentos de los Evangelios, mucho menos frecuentes, Jesús plantea preguntas y deja que sean los discípulos quienes averigüen las respuestas. Los dirige hacia la contemplación. Y también él se dedica a la contemplación. Por ejemplo, le encontramos cavilando acerca de su destino. Estaba al corriente del sacrificio que Dios le pediría mucho antes de que ocurriera. La inminencia de la muerte se convirtió en el centro de sus más profundas contemplaciones, como en las conocidas reflexiones de Jesús en el huerto de Getsemaní, justo antes de que Judas le entregara a los romanos.

Pero no era la contemplación de la muerte lo que Jesús pedía a los demás. Al contrario, Jesús quería que comtemplasen a Dios y la vida espiritual. Quiso que sus mentes se volviesen en la dirección del alma, que es donde se difumina la línea entre la meditación y la contemplación. Normalmente decimos «Tendré que meditarlo» para indicar que una idea o situación precisa de una reflexión más profunda. También es ese el significado que la Iglesia da a la meditación. Se pide a los fieles que mediten acerca de la crucifixión o de sus propios pecados y se les promete que serán salvados por el Espíritu Santo. ¿No debería hablarse entonces de contemplación? Quizá no haga falta distinguirlas tan estrictamente. En la contemplación profunda, la idea o imagen con que se comienza conduce al silencio.

Llegados a este punto me gustaría animarte a leer las próximas páginas desde una perspectiva distinta. En lugar de limitarme a ofrecerte una comprensión intelectual de la contemplación, me gustaría experimentar la contemplación. La contemplación es un proceso fascinante que cada uno de nosotros necesita experimentar en el camino espiritual, pues permite la expansión de la mente. La contemplación comienza con un pensamiento que nos atrae; mientras pensamos, su atractivo se expande y ahonda. Cuando eso sucede, emerge una sensación de la idea o imagen con que la que comenzamos. En el caso de la idea del amor de Dios, por ejemplo, emergerá la sensación de ser amado. También se descubren sentimientos nuevos. Si se contempla la crucifixión, por ejemplo, la sensación podría ser de dolor, sobrecogimiento, asombro, pena o simplemente la de presenciar un acontecimiento misterioso.

Cualquiera que sea el sentimiento, si lo conservas el tiempo suficiente se producirá un cambio. Gradualmente el sentimiento pasará a ser impersonal. Ya no se desprende de asociaciones personales y recuerdos. Se atisba algo tras la cortina del pensamiento, la sensación de que se ha entrado en una realidad más profunda. Después tal vez notes una presencia oculta que no puedes describir, pero sí sentir. La pena puede dar paso al júbilo. El sobrecogimiento puede dar paso al éxtasis, el asombro a una sensación de ligereza o elevación. Estos cambios señalan la proximidad del alma. Transforman una idea corriente en algo enrarecido y puro.

Este proceso espontáneo sigue su propio ritmo. Mientras leas los versículos siguientes, dedica unos minutos a reflexionar sobre cada uno de ellos, permitiendo que la mente vague libremente. (No leas más de dos o tres versículos seguidos; intenta aprovechar al máximo cada uno.) No trates de forzar las palabras para provocar un cambio interior inminente. Quizá solo te sientas un poco inspirado o quizá no te inspiren y la sensación sea otra. Cualquiera que sea, deja que las palabras permanezcan contigo durante un rato. Deja que se aposenten en tu interior y ten paciencia. Con tiempo obtendrás un resultado.

Para esta sección he seleccionado varios dichos de Jesús, algunos de ellos bonitos, otros intrigantes, misteriosos e incluso inexplicables. Pero cada uno de ellos funciona a modo de puerta por la que penetrar en la realidad más profunda a la que Jesús alude constantemente. También me gustaría añadir que cualquiera de las palabras de Jesús citadas en el presente volumen sirven para la contemplación. (Nota: Dado que los siguientes pasajes están destinados a la contemplación personal, he omitido los comentarios.)

Sobre la misericordia

Él es benigno para con los ingratos y malos. Sed, pues, misericordiosos, como también vuestro Padre es misericordioso. *(Lucas 6, 35–36)*

Sobre la caridad

Y así, cuando das limosnas, no quieras publicarla a son de trompeta, como hacen los hipócritas en las sinagogas y en las calles, a fin de ser honrados de los hombres. En verdad os digo que ya recibieron su recompensa. Mas tú, cuando des limosna, haz que tu mano izquierda no perciba lo que hace la derecha: para que tu limosna quede oculta; y tu Padre, que ve en lo secreto, te recompensará. *(Mateo 6, 2–4)*

Sobre juzgar

¿Por qué miras la paja que está en el ojo de tu hermano y no echas de ver la viga que está en tu propio ojo? ¿O cómo puedes decir a tu hermano: «Hermano, déjame sacar la paja que está en tu ojo», no mirando tú la viga que está en el tuyo? Hipócrita, saca primero la viga de tu propio ojo y entonces verás bien para sacar la paja que está en el ojo de tu hermano. *(Lucas 6, 41–42)*

Sobre el bien y el mal

No es buen árbol el que da malos frutos, ni árbol malo el que da buen fruto, pues todo árbol se conoce por su fruto, ya que no se cosechan higos de los espinos ni de las zarzas se vendimian uvas. El hombre bueno, del buen tesoro de su corazón saca lo bueno; y el hombre malo, del mal tesoro de su corazón saca lo malo, porque de la abundancia del corazón habla la boca. *(Lucas 6, 43–45)*

Sobre la Providencia

Por tanto os digo: No os angustiéis por vuestra vida, qué habéis de comer o qué habéis de beber; ni por vuestro cuerpo, qué habéis de vestir. ¿No es la vida más que el alimento y el cuerpo más que el vestido? Mirad las aves del cielo, que no siembran, ni siegan, ni tienen graneros; y, sin embargo, vuestro Padre celestial las alimenta. ¿No valéis vosotros mucho más que ellas? *(Mateo 6, 26–27)*

No solo de pan

Escrito está: «No solo de pan vivirá el hombre, sino de toda palabra que sale de la boca de Dios». *(Mateo 4, 4)*

¿Qué es real?

El espíritu es el que da vida; la carne para nada aprovecha. Las palabras que yo os he hablado son espíritu y son vida. Pero hay algunos de vosotros que no creen. *(Juan 6, 63–65)*

El cuidado del alma

Dijo también esta parábola: «Un hombre tenía una higuera plantada en su viña, y vino a buscar fruto en ella y no lo halló. Y dijo al viñador: "Ya hace tres años que vengo a buscar fruto en esta higuera y no lo hallo. ¡Córtala! ¿Para qué inutilizar también la tierra?" Él entonces, respondiendo, le dijo: "Señor, déjala todavía este año, hasta que yo cave alrededor de ella y la abone. Si da fruto, bien; y si no, la cortarás después"». *(Lucas 13, 6–9)*

Apresurarse hacia Dios

¡Apresuraos a ser salvados sin que se os urja! Sed ansiosos por voluntad propia, y si es posible, llegad antes que yo, pues eso hará que el Padre os ame. *(Apócrifo de Jesús 49)*

Sobre el materialismo

Y les dijo: «Mirad, guardaos de toda avaricia, porque la vida del hombre no consiste en la abundancia de los bienes que posee». *(Lucas 12, 15)*

Usar el poder

Sanad enfermos, limpiad leprosos, resucitad muertos, echad fuera demonios; de gracia recibisteis, dad de gracia. No llevéis oro, ni plata, ni cobre en vuestros cintos; ni alforja para el camino, ni dos túnicas, ni calzado, ni bastón, porque el obrero es digno de su alimento. Pero en cualquier ciudad o aldea donde entréis, informaos de quién en ella es digno y quedaos allí hasta que salgáis. Al entrar en la casa, saludad. Y si la casa es digna, vuestra paz vendrá sobre ella: pero si no es digna, vuestra paz se volverá con vosotros.

(Mateo 10, 8–13)

El agua de la vida

Cualquiera que beba de esta agua volverá a tener sed; pero el que beba del agua que yo le daré no tendrá sed jamás, sino que el agua que yo le daré será en él una fuente de agua que saltará hasta la vida eterna. *(Juan 4, 13–14)*

La voz de la verdad

Le dijo entonces Pilato: «Luego, ¿eres tú rey?». Respondió Jesús: «Tú dices que yo soy rey. Yo para esto he nacido y para esto he venido al mundo: para dar testimonio de la verdad. Todo aquel que es de la verdad, oye mi voz».

(Juan 18, 37)

Harás el bien

En verdad, en verdad os digo: El que en mí cree, las obras que yo hago, él también las hará; y aun mayores hará, porque yo voy al Padre. Todo lo que pidáis al Padre en mi nombre, lo haré, para que el Padre sea glorificado en el Hijo. Si algo pedís en mi nombre, yo lo haré. *(Juan 14, 12–14)*

Oración

A lo largo de los cuatro Evangelios Jesús reza con frecuencia, y se dirige personalmente a Dios como su padre. Jesús dice a sus seguidores que ellos también pueden pedir lo que quieran a Dios y que sus peticiones serán atendidas. Puesto que todos tenemos la experiencia de que muchas plegarias no son atendidas, los cristianos se sienten confusos. ¿Hasta qué punto deben tomarse literalmente las promesas de Jesús? Sin lugar a dudas Jesús considera que la oración es útil y, además, por diversos motivos. Sirve para que la gente corriente le diga lo que quiere a Dios. La oración reafirma a Dios como señor del mundo y gobernante del destino. Prepara el corazón para la adoración y la gratitud, alaba a Dios por su bondad y le agradece los frutos que otorga.

En la actualidad los cristianos utilizan la oración para todo eso, pero en esta era de dudas cuesta creer que la oración puede lograr todo lo que Jesús dijo. Para él, la oración no conoce límites. Se rece al Padre o al Hijo, Jesús asegura que ninguna petición quedará desatendida. La oración más popular de la Biblia, la oración del Padre Nuestro, ruega a Dios por las necesidades básicas de la vida («el pan de cada día»), una existencia pura («no nos dejes caer en la tentación»), la protección ante el peligro («líbranos del mal») y un perdón genérico («perdona nuestras ofensas»). En otras palabras, el Padre Nuestro pide a Dios el cielo en la tierra. Por tanto, parece de un idealismo extremo que Dios concediese todo lo que se le pide en esta plegaria. Puede que nuestro mundo haya progresado desde el siglo primero, pero el Padre Nuestro todavía no ha traído el cielo a este plano material.

Lo único que puede hacer realidad el Padre Nuestro es la iluminación. Una persona con conciencia de Dios se dirigiría al Padre exactamente igual que lo hace Jesús. Jesús ofrece varias oraciones elocuentes, pero pocas veces se refiere a la mecánica del rezo. En los Evangelios retoma una y otra vez el tema de «pedid y se os dará». Si en vida hizo lo mismo, sin duda sus seguidores debieron de comentarle que ellos habían pedido muchas cosas a Dios que nunca habían obtenido. Y, pese a que no figure en las Escrituras, seguro que Jesús también tenía una respuesta para eso. Solo nos queda suponer cuál pudo ser basándonos en su nivel de conciencia.

La oración va cambiando a medida que avanzamos por la senda espiritual, y se vuelve cada vez más poderosa a partir de la conciencia. Dios ni cumple ni desatienda las plegarias, y tampoco atiende a algunos y da la espalda a otros. Eso solo lo parece desde el nivel de conciencia particular de cada uno. De ahí que Jesús responsabilizara de las oraciones no atendidas al que reza en lugar de a Dios. En vez de sentirnos desalentados, debemos aceptarlo como un hecho probado.

La oración no es mágica. Es conciencia aplicada. No se puede esperar que Dios satisfaga nuestras peticiones a no ser que exista una íntima conexión con el espíritu. Jesús lo sabía, ya que vivió del origen de la realidad y por tanto podía cambiar la realidad a voluntad. Cuanto mayor sea nuestra conexión con Dios, mayor será nuestro poder espiritual.

Orad para ser dignos

Mirad también por vosotros mismos, que vuestros corazones no se carguen de glotonería y de embriaguez y de las pre-

> ocupaciones de esta vida, y venga de repente sobre vosotros aquel día, porque como un lazo vendrá sobre todos los que habitan sobre la faz de la tierra. Velad, pues, orando en todo tiempo que seáis tenidos por dignos de escapar de todas estas cosas que vendrán, y de estar en pie delante del Hijo del hombre. *(Lucas 21, 34–36)*

Cuando hace referencia a «cosas que vendrán», Jesús habla de la llegada del cielo a la tierra. En los Evangelios da a entender que ese momento apocalíptico es inminente, y los primeros cristianos lo tomaron al pie de la letra. Pero no sabemos el porqué de esa predicción de Jesús, ni siquiera si la hizo. En cuestiones espirituales, lo literal y lo simbólico siempre se han enfrentado.

Creo que en este pasaje Jesús está ofreciendo a sus seguidores una manera de acercarse al espíritu en la vida cotidiana; en otras palabras, una actitud hacia su propio crecimiento. «Velar» significa ser consciente del ser, lo que en budismo se conoce como conciencia. Jesús llega a detallar instrucciones sobre lo que ello implica, que podrían resumirse de la siguiente manera: Recuerda quién eres en realidad, vive para ser digno de Dios, reza para estar conectado a él. Lo que apunta hacia la oración como medio para estar atento a los asuntos de importancia espiritual.

La intimidad de la oración

> Cuando ores, no seas como los hipócritas, porque ellos aman el orar de pie en las sinagogas y en las esquinas de las calles para ser vistos por los hombres; en verdad os digo que

> ya tienen su recompensa. Pero tú, cuando ores, entra en tu cuarto, cierra la puerta y ora a tu Padre que está en secreto; y tu Padre, que ve en lo secreto, te recompensará.
>
> (*Mateo* 6, 5–6)

En cierto sentido este pasaje habla por sí solo. Jesús recomienda que la oración no se convierta en un espectáculo público, sino en una comunión privada. Pero ¿a qué se refiere cuando dice «ora a tu Padre que está en secreto»? Este comentario resulta, cuanto menos, ambiguo, pues los oyentes de Jesús daban por sentado que Dios no era un secreto. A fin de cuentas, asistían a un lugar público, la sinagoga, para adorar a un Dios público. Pero Jesús dice que Dios está en secreto, apuntando que hay que buscarlo y que nuestra relación con Dios contiene un aspecto misterioso.

La sabiduría llega a los inocentes

> En aquel tiempo, respondiendo Jesús, dijo: «Te alabo, Padre, Señor del cielo y de la tierra, porque escondiste estas cosas de los sabios y de los entendidos, y las revelaste a los niños. Sí, Padre, porque así te agradó». (*Mateo* 11, 25–26)

Jesús da a entender frecuentemente que lo que Dios quiere comunicar no proviene de la mente en forma de pensamientos, pero en este caso lo proclama de manera explícita. ¿Qué tipo de sabiduría ha sido ocultada a los sabios y a los inteligentes y por qué Jesús alaba al Señor por ello? La respuesta convencional sería que Jesús desea que sus seguidores comprendan que solo creyendo en él se revelará Dios. Pero, en un sentido más amplio, aquí se apunta que el espíritu no se comunica mediante las palabras, sino a través de la experiencia directa. Los niños aprenden acerca de la vida experimentándola, pero la gente cree que puede aprender sobre Dios recurriendo a otras fuentes, mediante autoridades y escrituras. Jesús subraya la necesidad de estar en presencia del espíritu y que este nos afecte personalmente.

Dios ya lo sabe

> Y al orar no uséis vanas repeticiones, como los gentiles, que piensan que por su palabrería serán oídos. No os hagáis, pues, semejantes a ellos, porque vuestro Padre sabe de qué cosas tenéis necesidad antes que vosotros le pidáis.
>
> (*Mateo* 6, 7–8)

Aparentemente Jesús pide a sus seguidores que sean sinceros en sus oraciones, que hablen desde el corazón en lugar de recurrir a la retórica. Pero Dios ya sabe lo que queremos, ¿por qué rezar entonces? La pregunta no es nueva y se han apuntado diversas respuestas. Por ejemplo: Dios necesita saber que queremos su ayuda. A la persona le hace bien pedir humildemente, inclinarse ante lo divino. Pedir lo que se desea que Dios haga clarifica la mente. Todas estas respuestas, y otras muchas, eluden la cuestión principal de por qué un Dios omnisciente necesita que se le diga algo. Dios, puesto que lo sabe todo, debería dirigir el mundo sin necesidad de ningún empujoncito de los humanos.

Opino que Jesús valora la oración como proceso de crecimiento interno. No dice que en lugar de confiar en Dios de manera implícita, debamos rezarle. Pero si entendemos a Jesús como un maestro de la iluminación, la oración sirve a ese propósito. Cuando rezamos a un Dios omnisciente, unimos nuestra conciencia a la conciencia pura. Esta conexión se vuelve más íntima a medida que se progresa por el camino.

Al principio puedes ofrecerle amor a Dios porque sientes un amor genuino por él, o quizá porque sabes que las oraciones deben contener amor. Ese amor menguará, como ocurre con cualquier relación, pero con el tiempo el amor se vuelve más profundo y revela misterios que al principio no contemplabas. La oración es una manera de mantener vivo este proceso y monitorizarlo a medida que avanza.

Cuando nos expresamos en una relación, queremos obtener respuesta. El silencio implica que la relación está bloqueada; el silencio constante implica que la relación ha terminado. Por tanto, la oración también es un modo de comprobar si Dios está escuchando, si tu relación con el espíritu sigue viva.

Orad con fe

> Y todo lo que pidáis en oración, creyendo, lo recibiréis.
>
> (*Mateo* 21, 22)

Quizá esta sea la expresión más simple de una enseñanza repetida frecuentemente por Jesús. Hay que tener fe. Otras traducciones de este escueto versículo dicen: «Creed que recibiréis». Así que durante siglos el rezo ha tenido un componente oculto: una prueba de fuego para la fe. Resulta difícil orar sin sentir una punzada de culpa y de duda. ¿Tengo suficiente fe? ¿Qué estoy haciendo mal para que mi plegaria no sea atendida? Obedecer este mandato depende, con todo lo demás, del nivel de conciencia. En los niveles inferiores se pide ayuda. En los niveles más altos, una oración no resulta distinta de cualquier otro pensamiento, porque todos los pensamientos acarrean un resultado. En medio quedan todo tipo de posibilidades. Indudablemente Jesús sabía todo eso, pero nos pide que creamos que nuestras plegarias se harán realidad.

Se trata de una enseñanza valiosa a cualquier nivel de conciencia. Da por sentado que Jesús dice la verdad, que la oración será atendida. En tal caso, la oración tan solo puede hacer dos resultados: bien las cosas transcurren con normalidad y la oración obtiene respuesta, o bien nos enfrentamos a algún obstáculo o resistencia que bloquea la respuesta. Los obstáculos y las resistencias existen en la conciencia y por tanto pueden ser eliminados. En vez de ser una prueba de fuego para la fe, la oración nos enseña que lo que debemos hacer en el camino espiritual es abrir los canales de la comunicación. La ayuda que Jesús nos ofrece consiste en asegurarnos que la comunicación nunca se interrumpe, solo se bloquea temporalmente.

Karma: sembrar y recoger

Una de las mayores sorpresas que me he llevado escribiendo este libro ha sido descubrir lo mucho que Jesús tiene que decir acerca del karma. El principio fundamental del karma consiste en que cada acción funciona como una semilla que crece y fructifica un resultado. Jesús no se identifica con este concepto oriental, pero sin embargo dijo: «Sembrad y recogeréis». De lo único que prescindió fue de la palabra «karma», porque en los cuatro Evangelios se nos dice que cada acción tiene una consecuencia, ya sea en la tierra o en el cielo.

El karma es importante en el camino espiritual, y saber cómo y por qué actuar también lo es para cualquier religión. En la época de Jesús las leyes de Moisés dictaminaban qué actos se consideraban pecado. La lista de actos que Dios desaprobaba era larga y, como el Señor era irascible y veleidoso, no era fácil no caer en el pecado. Hizo falta que una atareada jerarquía sacerdotal determinara la diferencia entre el bien y el mal. Así, el Levítico del Antiguo Testamento prescribe cientos de tareas e innumerables reglas para llevar una vida judía virtuosa.

Jesús conocía bien la ley y en ocasiones se limita a ordenar a la gente que la cumpla. Pero otras veces quiere liberar a sus seguidores de la ley, que conozcan por qué una acción está bien o mal. En lugar de dejar el asunto en manos de los sacerdotes, de los que desconfía, o de una rígida serie de normas, apela al corazón, el alma y la mente de sus seguidores.

Este tipo de libertad para determinar las propias acciones era nueva y radical. No es de extrañar que el Jesús que conocemos en los Evangelios en ocasiones retome el papel del rabino tradicional. Pero puesto que la libertad es el objetivo de la senda espiritual, es importante ver en qué momentos la ofrece Jesús. Mientras enseñaba esa libertad, desarrollaba la ley del karma —cada acción conlleva una consecuencia de peso moral—, pero la clave para escapar de esa atadura está en Dios.

Jesús habla acerca de cómo las acciones se ganan el favor de Dios, lo que podemos traducir por como las acciones favorecen el crecimiento espiritual. Jesús quiso que sus seguidores se desarrollasen, que alcanzasen la conciencia del Reino de Dios interior. Pese a que en ocasiones se muestra rotundo y reduce el karma a un mero evitar los pecados y obedecer la ley, los Evangelios contienen una gran sabiduría acerca de cómo vivir en la senda espiritual. Su versión del karma podría resumirse de la siguiente manera:

Cada acción acarrea una consecuencia.

A buenas acciones, buena consecuencia; a malas acciones, malas consecuencias.

Cada acción se percibe y se sopesa. Nada se puede ocultar o mantener en secreto.

Si las acciones son buenas, crecerás espiritualmente.

A medida que creces, tus pensamientos y deseos se manifestarán en el mundo material. El karma opera de manera más rápida y deliberada.

Dios pretende que tus acciones sean para bien. Su máxima preocupación es que entres en el Reino, donde el alma se libera de la ley del karma.

La Regla de Oro

> ¿Qué hombre hay de vosotros, que si su hijo le pide pan, le dará una piedra? ¿O si le pide un pescado, le dará una serpiente? Pues si vosotros, siendo malos, sabéis dar buenas cosas a vuestros hijos, ¿cuánto más vuestro Padre que está en los cielos dará buenas cosas a los que le pidan? Así que todas las cosas que queráis que los hombres hagan con vosotros, así también haced vosotros con ellos. *(Mateo 7, 9–12)*

Todo el mundo conoce la Regla de Oro, pero esta regla habla del karma, no solo indica cómo comportarse moralmente con los demás. Desde luego, Jesús quería insistir en esto último, puesto que tratar a los demás como nos gustaría que nos tratasen a nosotros es parte de su enseñanza principal: ama al prójimo como a ti mismo. Pero Jesús insinúa algo más profundo, insinúa que cuando sigues la Regla de Oro actúas igual que Dios. Lo que dificulta tratar a los demás como nos gustaría que nos tratasen es que los demás pueden ser causa de miseria, dolor e injusticia. Pero Jesús destaca que cada uno de nosotros es malvado a su manera, que obramos mal y, no obstante, Dios provee en abundancia y nos ama. He aquí una descripción convincente de alguien que actúa en conciencia de Dios.

Sin embargo, si profundizamos todavía más, este pasaje nos habla de la gracia. El karma retorna exactamente lo que uno se merece, pero Dios no. Dios da sin considerar el bien y el mal, lo cual es señal de gracia. Si analizamos la Regla de Oro, descubriremos en ella el mandato de vivir según la gracia y no según lo que creemos que merecen los demás.

No juzguéis

No juzguéis, para que no seáis juzgados, porque con el juicio con que juzgáis seréis juzgados, y con la medida con que medís se os medirá. *(Mateo 7, 1–2)*

Cuando Jesús aconseja a sus seguidores que muestren clemencia y no juzguen a todo el mundo, les da dos razones principales. La primera, que todo el mundo ha hecho el mal en algún momento y podría ser juzgado igualmente. (Tal como expresa en Juan 8, 7 cuando una muchedumbre está a punto de lapidar a una adúltera: «El que de vosotros esté sin pecado sea el primero en arrojar la piedra contra ella».) La segunda razón es kármica, como ya se ha demostrado: tu manera de juzgar a los demás repercutirá en tus propias acciones. Si eres duro con los demás, tus malas acciones serán juzgadas con dureza, pero si eres misericordioso con los demás, tus malas acciones serán juzgadas con misericordia.

Jesús creía que cada acción tenía consecuencias que a menudo no resultaban evidentes de inmediato, lo que constituye la clave del karma. Si experimentásemos inmediatamente las consecuencias de nuestras acciones, no sería necesario un juez divino con el que pasar cuentas más adelante. ¿Cuándo seremos juzgados? ¿Cómo se mide una mala acción, comparándola con otras malas acciones? ¿Puede borrarse una mala acción con una buena? Jesús soluciona estas complicadas cuestiones ordenando, sin subterfugios: No juzguéis. El ego no puede evitar juzgar, así que implícitamente Jesús apunta a un nivel de conciencia que solo es aceptable en el nivel del alma. A medida que nos acercamos a una conciencia más elevada, nuestra necesidad de juzgar severamente el bien y el mal se disipa. Ya no culpamos; dejamos de pensar en términos de pecado y castigo. Todo lo cual concuerda con el énfasis que Jesús pone en el amor y el perdón.

Dad buena medida

> Perdonad y seréis perdonados. Dad y se os dará; medida buena, apretada, remecida y rebosando darán en vuestro regazo, porque con la misma medida con que medís, os volverán a medir. *(Lucas 6, 37–38)*

Jesús enseñaba con comparaciones prácticas y próximas. Sus oyentes asistían todos los días al mercado a buscar comida. Querían que el comerciante de grano utilizase una buena medida, así que era fácil entender la enseñanza de Jesús de que si das una buena medida recibirás una buena medida. Y la regla que funcionaba en el mercado se aplicaba también a Dios. La generosidad de espíritu es recompensada de la misma manera.

Los afines se atraen

> En cualquier casa donde entréis, primeramente decid: «Paz sea a esta casa». Si hay allí algún hijo de paz, vuestra paz reposará sobre él; y si no, se volverá a vosotros.
> *(Lucas 10, 5–6)*

Los cristianos tradicionales no suelen aceptar que Jesús tuviese ideas orientales; pasan por la alto la posibilidad de que las verdades espirituales no pueden restringirse a un tiempo y un lugar. En este caso Jesús expande la doctrina del karma al decir que los afines se atraen. La capacidad de recibir una enseñanza espiritual depende del nivel de conciencia.

Dios os acerca a mí

> Escrito está en los Profetas: «Y todos serán enseñados por Dios». Así que, todo aquel que oye al Padre y aprende de él, viene a mí. No que alguien haya visto al Padre; solo aquel que viene de Dios, ese ha visto al Padre. *(Juan 6, 45–46)*

Dios se da a conocer a la gente, y luego la gente se siente dirigida hacia Jesús porque su verdad concuerda con lo que ya sabían. Este es el principio del karma tratado en el pasaje anterior según el cual los afines se atraen.

Jesús continúa diciendo que el conocimiento total de Dios solo tiene lugar cuando se ha visto a Dios, cosa que solo ocurre mediante la unión con él. Para los devotos cristianos este pasaje habla de adorar a Cristo como vehículo para llegar a Dios, pero las implicaciones para la conciencia de Dios son también considerables. El espíritu puro nos atrae hacia su mismo nivel. Jesús también lo llama «pasar de la muerte a la vida».

Renuncia a tus posesiones

> ¿O qué rey al marchar a la guerra contra otro rey no se sienta primero y considera si puede hacer frente con diez mil al que viene contra él con veinte mil? Y si no puede, cuando el otro está todavía lejos le envía una embajada y le pide condiciones de paz. Así, pues, cualquiera de vosotros que no renuncie a todo lo que posee, no puede ser mi discípulo.
>
> *(Lucas 14, 31–33)*

Este es uno de los diversos pasajes en que Jesús ordena a sus discípulos que renuncien a los bienes materiales. Ha bendecido a los pobres, y desea que sus discípulos los imiten. Huelga decir que, este mandato ha causado gran malestar a lo largo de los siglos. Es una de las razones por las que las enseñanzas de Jesús parecen incompatibles con la vida en el mundo material. Siguiendo el ejemplo de san Francisco de Asís, algunos cristianos devotos renunciaron a sus posesiones y cumplieron literalmente el mandato de Cristo, mientras que otros ven en él una forma de renuncia espiritual en lugar de material. El resultado es un difícil equilibrio.

He escogido esta parábola porque parece aclarar la cuestión. El rey que espera la batalla y ve que su enemigo es dos veces superior utiliza el buen juicio al enviar a un mensajero de paz para no tener que afrontar una derrota segura. Asimismo, cada uno de nosotros comprende que cuando llega la muerte nuestras ambiciones mundanas serán sometidas a la prueba final y definitiva. Si nos anticipamos a ese momento, deberíamos hacer las paces con Dios por adelantado. Es de sabios centrarse en el alma cuanto antes.

Quien a hierro mata

> Jesús le dijo: «Amigo, ¿a qué vienes?». Entonces se acercaron y echaron mano a Jesús, y lo prendieron. Pero uno de los que estaban con Jesús, echando mano de su espada, hirió a un siervo del Sumo sacerdote y le quitó la oreja. Entonces Jesús le dijo: «Vuelve tu espada a su lugar, porque todos los que tomen la espada, a espada perecerán. ¿Acaso piensas que no puedo ahora orar a mi Padre, y que él no me daría más de doce legiones de ángeles?» *(Mateo 26, 50–53)*

En cierto sentido todos empuñamos la espada. Apoyamos al ejército y a la policía para que nos protejan. Damos por sentado que la violencia se evita con violencia. Jesús sabía que el mundo funcionaba de esta manera, pero declara que la violencia forma parte de un ciclo de vida y muerte que nunca termina. Él, por el contrario, ha escapado de ese ciclo. Jesús opera al nivel de los ángeles, junto a Dios. La Pasión está cargada de tal simbolismo que debe ser interpretada a la luz de una conciencia elevada y no simplemente como la tragedia de la bondad suprema condenada a morir. La violencia que rodeó la vida de Jesús sirvió al propósito de una enseñanza superior, la enseñanza de que la vida física, incluso en su momento más cruel, puede ser trascendida.

Liberarse del karma

Porque mi yugo es fácil y ligera mi carga. *(Mateo 11, 30)*

Jesús promete a sus seguidores que en el cielo no hay trabajo duro. Pero el auténtico mensaje del versículo es que en la conciencia elevada la carga del karma deja de existir. Esa es la experiencia del propio Jesús, subrayada por el hecho de que la palabra «yugo» proviene de la misma raíz que «yoga», o unión con Dios.

El mundo como ilusión

No todos los maestros espirituales se oponen al materialismo, pero Jesús sí lo hizo. Habló en contra de todas las formas de sofisticación del mundo. Los sacerdotes fueron castigados por su hipocresía y por su apego a la relevancia pública. Los ricos y los poderosos fueron tachados de indignos ante Dios. Reforzó su crítica alabando a la gente más modesta de la sociedad, los pobres y los dóciles. No parece haber una excepción que ofrezca un escape. Si el apego al dinero, las posesiones y el estatus nos incomoda, el Jesús de los Evangelios quiere que así sea.

Pero ¿por qué? Damos por sentado que Jesús sentía una aversión moral hacia el dinero y el poder, y ciertamente cuando dice «Dad, pues, al César lo que es del César, y a Dios lo que es de Dios» (Mateo 22, 21), Jesús se aleja del mundo porque este no tiene nada que ver con su misión espiritual. Sin embargo, parece contradecirse cuando afirma: «Pues a cualquiera que tiene, se le dará y tendrá más; pero al que no tiene, aun lo que tiene le será arrebatado» (Mateo 13, 12).

Para resolver estas contradicciones tenemos que remitirnos a la enseñanza en que Jesús proclama que el mundo es una ilusión. Si las cosas materiales son un sueño, tiene sentido restarles importancia. Cuando Jesús clama contra «la falsedad de las riquezas» es porque engañan a la conciencia. La mente se aleja de las metas espirituales cuando confunde el dinero, las posesiones y el estatus con algo real. Por eso Jesús llama a las posesiones «consuelo». Al haber perdido el auténtico premio, el Reino de Dios, a uno no le queda más remedio que consolarse con el mundo material, el premio de consolación.

Separar ilusión y realidad no suele conseguirse de una vez. Aquello que experimentamos como realidad cambia en los distintos niveles de conciencia. Para los pocos que deciden renunciar completamente al mundo es posible dirigirse directamente hacia su objetivo. Pero incluso entonces no existen garantías de que la percepción haya de hecho variado. Una persona puede ingresar en un monasterio porque la Iglesia considera que eso es llevar una vida santa. Pero si esa persona arrastra consigo sus antiguas percepciones, el monasterio esconderá la misma trampa que el mundo material: el ego.

Jesús quiso que sus discípulos se uniesen a Dios. Cualquier otra vida estaba envuelta en ilusiones. El ego fortalece en gran medida esa ilusión porque el «yo, mí, mío» se arraiga en los asuntos del mundo material. La vida más valiosa transcurre descubriendo el núcleo espiritual y construyendo la existencia en torno a él. Si hacemos eso, seremos los primeros a los ojos de Dios aunque seamos los últimos a los ojos del mundo.

Evitar el mundo

> Le dijeron sus hermanos: «Sal de aquí y vete a Judea, para que también tus discípulos vean las obras que haces, porque ninguno que procura darse a conocer hace algo en secreto. Si estas cosas haces, manifiéstate al mundo». Ni aun sus hermanos creían en él. Entonces Jesús les dijo: «Mi tiempo aún no ha llegado, pero vuestro tiempo siempre está preparado.

No puede el mundo odiaros a vosotros; pero a mí me odia, porque yo testifico de él que sus obras son malas».

(Juan 7, 3–7)

Esta es una de las más duras condenas del mundo por parte de Jesús. El pasaje se inscribe en el momento en que Jesús se negaba a ir a Jerusalén para celebrar una fiesta judía porque sabía que allí se encontraban los que querían matarle. La maldad del mundo constituye un tema que Jesús retoma frecuentemente, contrastándolo con la bondad del mundo de Dios. Pero debemos recordar que se dirige a escépticos que creen completamente en el mundo a pies juntillas. Tenía buenas razones para emplear palabras duras y empujarlos a renunciar a sus creencias.

La falsedad de la vida

No penséis que he venido a traer paz a la tierra; no he venido a traer paz, sino espada, porque he venido a poner en enemistad al hombre contra su padre, a la hija contra su madre y a la nuera contra su suegra. Así que los enemigos del hombre serán los de su casa. El que ama a padre o madre más que a mí, no es digno de mí; el que ama a hijo o hija más que a mí, no es digno de mí; y el que no toma su cruz y sigue en pos de mí, no es digno de mí. El que halle su vida, la perderá; y el que pierda su vida por causa de mí, la hallará. *(Mateo 10, 34–39)*

Jesús considera falsos incluso los componentes más preciados de la vida material. Podía resultar sencillo ponernos de su parte contra los ricos y los poderosos, pero en este caso Jesús se posiciona ¡contra la familia! Ni siquiera este aspecto de la vida material merece la pena comparado con la vida que espera en la senda espiritual. (¡Y luego hablan de los valores de la familia!)

Ver lo que es real

> Nadie pone en oculto la luz encendida, ni debajo de una vasija, sino en el candelero, para que los que entran vean la luz. La lámpara del cuerpo es el ojo. Cuando tu ojo es bueno, también todo tu cuerpo está lleno de luz; pero cuando tu ojo es maligno, también tu cuerpo está en tinieblas. Cuidado, pues, no sea que la luz que en ti hay no sea luz, sino tinieblas. Así que, si todo tu cuerpo está lleno de luz, no teniendo parte alguna de tinieblas, será todo luminoso, como cuando una lámpara te alumbra con su resplandor.
>
> *(Lucas 11, 33–36)*

Este pasaje trata de la percepción. Si percibes la luz interior, recibirás su totalidad. Pero si te ciega, no recibirás nada. La realidad que halles en tu interior depende de ti. La luz es la realidad de Dios, la oscuridad es la ausencia de Dios. Como siempre, Jesús insta a sus oyentes a que busquen la luz.

Vincularse al origen

Yo soy la vid verdadera, y mi Padre es el labrador. Todo pámpano que en mí no lleva fruto, lo quitará; y todo aquel que lleva fruto, lo limpiará, para que lleve más fruto. Ya vosotros estáis limpios por la palabra que os he hablado. Permaneced en mí, y yo en vosotros. Como el pámpano no puede llevar fruto por sí mismo, si no permanece en la vid, así tampoco vosotros, si no permanecéis en mí. Yo soy la vid, vosotros los pámpanos; el que permanece en mí y yo en él, este lleva mucho fruto, porque separados de mí nada podéis hacer. *(Juan 15, 1–5)*

Jesús quiso compartir la unidad que experimentaba con Dios, de ahí que empleara con frecuencia la expresión «permaneced en mí». La parábola de la vid —una de las pocas ocasiones en que el Evangelio de Juan recoge una parábola— profundiza en esa idea. Jesús declara que vivir alejado de Dios es estéril e inútil. La savia que alimenta a la vid y hace que dé frutos es Dios, origen de la vida. Por tanto, la única vida que escapa a la muerte es aquella vinculada al origen.

El espíritu es eterno

De la higuera aprended la parábola: cuando ya su rama está tierna y brotan las hojas, sabéis que el verano está cerca. Así también vosotros, cuando veáis todas estas cosas, conoced que está cerca, a las puertas. En verdad os digo que no pasará esta generación hasta que todo esto acontezca. El cielo y la tierra pasarán, pero mis palabras no pasarán.

(*Mateo* 24, 32–35)

Este es uno de los muchos pasajes en que Jesús anuncia a sus seguidores que la redención es un asunto urgente. Al igual que las hojas de la higuera predicen la llegada del verano, la proximidad de Dios señala un nuevo mundo. Como profecía literal, resultó falible. Puede que Jesús se viera como el precursor de Dios en la tierra, pero el verano aún está por llegar. No obstante, la mayor urgencia está en hallar la realidad eterna, no en centrarse en un mundo transitorio. Jesús presiona a los discípulos para que recorran ligeros el camino espiritual si quieren adelantarse a la ilusión.

¿Amarla o perderla?

El que ama su vida, la perderá; y el que odia su vida en este mundo, para vida eterna la guardará. (*Juan* 12, 25)

Aquí Jesús muestra su casa intransigente. La dicotomía entre la vida y la muerte es afilada como la hoja de un cuchillo. Pero yo tiendo a considerar semejantes momentos de absolutismo como ejercicios retóricos. Jesús pretende impactar a sus oyentes haciéndoles ver que no han situado sus valores en el sitio correcto: la adscripción material conduce a la muerte; el despertar espiritual lleva a la libertad y a la vida eterna.

El lugar del que procedo

> Respondió Jesús y les dijo: «Aunque yo doy testimonio acerca de mí mismo, mi testimonio es válido, porque sé de dónde he venido y a dónde voy; pero vosotros no sabéis de dónde vengo ni a dónde voy. Vosotros juzgáis según la carne: yo no juzgo a nadie». *(Juan 8, 14–15)*

En esta ocasión Jesús se defiende ante los sacerdotes, que rechazan que se proclame Mesías. Las traducciones más modernas de la Biblia utilizan la extraña frase «juzgáis según principios humanos» en lugar de la poética «juzgáis según la carne». La frase antigua clarifica lo que Jesús quiso decir: Yo no soy la persona de carne y hueso que creéis que soy.

Ver y creer

> Jesús le dijo: «Porque me has visto, Tomás, creíste; bienaventurados los que no vieron y creyeron». *(Juan 20, 29)*

Este pasaje resulta muy apropiado en la época en que vivimos, en que el fundamentalismo y la investigación bíblica han unido sus fuerzas para hallar pruebas de la existencia de Jesús. Buscan tumbas, documentos escritos y fragmentos arqueológicos, en contradicción con las palabras de Jesús. Él nos dice que no debemos sentirnos decepcionados por no haber conocido al hombre de carne y hueso: resulta mucho mejor encontrar al Jesús interior mediante nuestra propia búsqueda personal.

Dios es absoluto

Quien crea que la totalidad carece de algo, él mismo no es nada y carece de todo. *(Tomás 152)*

Los gnósticos adoptaron el antimaterialismo de Jesús y lo llevaron al extremo. En una frase concisa, Tomás, autor del Evangelio, dice que si no hemos comprendido que Dios contiene todo lo que existe, no hemos aprendido nada. El versículo 148 resulta igualmente explícito: «Quien haya comprendido lo que es el mundo, ha dado con un cadáver».

Unidad

Jesús nos proporcionó los conocimientos más profundos sobre la conciencia de Dios cuando habló de sí mismo. Dos mil años después todavía podemos imaginar el asombro y la incredulidad con que fue recibido. El hijo de Dios llegó con apariencia de persona normal y solo aquellos en sintonía con realidades más elevadas supieron ver su esencia verdadera. Para los demás era un fraude o un peligro, especialmente para los ricos y poderosos. Hoy no estamos mejor que entonces. Los escépticos siguen cuestionando que Jesús se proclamase Mesías, y los fieles cristianos albergan dudas acerca de si Jesús redimió al mundo de pecado, tal como dijo que haría.

Ni las imágenes negativas ni las positivas logran capturar la esencia de Jesús: la unidad total con Dios. En esencia, Jesús es un misterio. Y esa es la cuestión, transmitir a sus oyentes que ser humano es misterioso. Si repasamos las cosas más importantes que esta figura mística dijo de sí misma, la imagen dista mucho del Mesías que iba a vencer al pecado y a los romanos al mismo tiempo.

El Jesús místico describía su esencia a la vez que la nuestra. Esta esencia es una diminuta muestra de Dios, la del alma que se encuentra en el interior de cada uno, que jamás se separó de su origen.

La esencia está separada del mundo material y sus asuntos.
Acude a Dios para todas sus necesidades.
Actúa espontáneamente, sin un plan prefijado.
Se considera eterna.

Se compadece del sufrimiento y quiere erradicarlo.
Siente que el sufrimiento comienza en la conciencia, y que
la conciencia elevada pone fin al sufrimiento.

Al describirse a sí mismo, Jesús describía también la esencia que es tu origen y el mío, y deberíamos escuchar sus palabras como si proviniesen de ese lugar: es nuestra voz interior. Jesús nos reta a vivir a partir de nuestra esencia, como él hizo.

Yo soy espíritu

Y les dijo: «Vosotros sois de abajo, yo soy de arriba; vosotros sois de este mundo, yo no soy de este mundo».

(Juan 8, 23)

Jesús afirma que esencialmente es un ser espiritual y que este hecho le sitúa más allá de la comprensión ordinaria. Lo que implica que la conciencia elevada no se relaciona fácilmente con la conciencia inferior; hay un vacío entre ellas que debe llenarse.

Yo soy eterno

De cierto, de cierto os digo: Antes que Abraham fuera, yo soy. *(Juan 8, 58)*

El judaísmo deriva de Abraham, y Jesús no solo afirma que él ya existía antes de su aparición física, sino que además llegó antes que el fundador del judaísmo. Esto implica que su verdad supera a la del más anciano de los ancianos. La idea general consiste en que el espíritu trasciende cualquier religión organizada.

Mi propósito es cumplir

> No penséis que he venido a abolir la Ley o los Profetas; no he venido a abolir, sino a cumplir. *(Mateo 5, 17)*

Jesús asegura a la gente que no pretende acabar con su estilo de vida, pero esa es en realidad su intención, razón por la que en otras ocasiones se enfrenta a las creencias judías y califica de fraude a la casta entera de los sacerdotes.

Traigo la libertad

> El Espíritu del Señor está sobre mí, por cuanto me ha ungido para dar buenas nuevas a los pobres; me ha enviado a sanar a los quebrantados de corazón, a pregonar libertad a los cautivos y vista a los ciegos, a poner en libertad a los oprimidos y a predicar el año agradable del Señor».
>
> *(Lucas 4, 18–19)*

Se trata de una elocuente afirmación del papel del Mesías según se profetizó en el Antiguo Testamento. También compone una vívida descripción de la vida en el espíritu, que nos libera de las ciegas percepciones que tenemos de nosotros mismos.

Trabajar en la luz

Mientras estoy en el mundo, luz soy del mundo.

(Juan 9, 5)

Este versículo desarrolla una de las frases más célebres de Jesús. Dice a sus discípulos que se centren en sus obras mientras esté con ellos; en el sentido práctico, que aprovechen el momento.

Estaré con vosotros en espíritu

Porque donde están dos o tres congregados en mi nombre, allí estoy yo en medio de ellos». *(Mateo 18, 20)*

Cuando la gente se reúne en su nombre se invoca al espíritu de Jesús, pero con estas palabras Jesús ofrecía además una prueba de veracidad. Sus discípulos querían saber cómo arreglar disputas y rechazar acusaciones lanzadas contra ellos, y Jesús les aconsejó que acudiesen ante los acusadores en grupos de dos o tres para tratar de convencerles de su verdad. Remata el consejo con esta célebre cita, aportándole misticismo.

Soy esquivo

Dijo Jesús: «Muchas veces deseasteis escuchar estas palabras que os estoy diciendo sin tener a vuestra disposición alguien a quien oírselas. Días llegarán en que me buscaréis y no me encontraréis». *(Tomás 73)*

Los cuatro Evangelios reiteran que Jesús ha venido a salvar al mundo y siempre estará presente. Pero los gnósticos son realistas y señalan que Jesús también puede resultar esquivo, como el alma.

Mi significado está oculto

> Yo os daré lo que ningún ojo ha visto y ningún oído ha escuchado y ninguna mano ha tocado y en ningún corazón humano ha penetrado. *(Tomás 69)*

Los gnósticos siempre tendían al misticismo extremo a menudo críptico. ¿Simplemente se dejan llevar por un espíritu contradictorio? Quizá eran realistas. Jesús existió en un estado de conciencia situado más allá de los cinco sentidos y de la mente pensante. Este pasaje es la confirmación de un hecho, no un intento de misticismo gratuito.

La autoridad es mía

> Jesús se acercó y les habló diciendo: «Toda potestad me es dada en el cielo y en la tierra». *(Mateo 28, 18)*

Jesús pronuncia estas palabras tras resucitar de entre los muertos, apareciéndose ante sus discípulos en una montaña de Galilea. El contexto es el de una revelación. Había prometido alcanzar el poder de Dios tras su muerte, y ahora lo tiene, cuando Jesús es espíritu y no una persona de carne y hueso. La enseñanza principal radica en que el espíritu tiene autoridad tanto en el mundo material como en sus propios dominios.

Yo os sirvo

> Pues, ¿cuál es mayor, el que se sienta a la mesa o el que sirve? ¿No es el que se sienta a la mesa? Pero yo estoy entre vosotros como el que sirve. *(Lucas 22, 27)*

Este pasaje tiene lugar mientras los discípulos discuten entre ellos quién será su líder una vez Jesús se haya marchado. Este les dice, como tantas veces, que el líder deberá servir a los demás. Como voz del espíritu, nos recuerda que el cometido del alma es servir.

El salvador del mundo

> De tal manera amó Dios al mundo, que ha dado a su Hijo unigénito, para que todo aquel que en él cree no se pierda, sino que tenga vida eterna. Dios no envió a su Hijo al mundo para condenar al mundo, sino para que el mundo sea salvo por él. *(Juan 3, 16–17)*

Jesús habla más de sí mismo en el Evangelio de Juan que en ningún otro. Da la sensación de que el evangelista quería dejar claro, sin discusión posible, quién era Jesús. La resurrección dejaba de ser solo un recuerdo, y los romanos habían destruido el templo de Jerusalén. En este célebre pasaje, Jesús reafirma su identidad divina utilizando los términos más fuertes y elocuentes. La conciencia superior salva a la persona de la ilusión que es la muerte, y este regalo nos es entregado por un Dios que nos ama.

Yo soy el camino

> Jesús le dijo: «Yo soy el camino, la verdad y la vida; nadie viene al Padre sino por mí. Si me conocierais, también a mi Padre conoceríais; y desde ahora lo conocéis y lo habéis visto». *(Juan 14, 6–7)*

Cuando eliminamos el elemento doctrinal de la Iglesia, Jesús dice: «Si estabas buscando, no busques más. Este es el aspecto del espíritu cuando ha sido alcanzado». En otras palabras, trae la conciencia de Dios a la tierra siendo su ejemplo viviente.

Cumplo la voluntad de Dios

> Jesús entonces, enseñando en el Templo, alzó la voz y dijo: «A mí me conocéis y sabéis de dónde soy; no he venido de mí mismo, pero el que me envió, a quien vosotros no conocéis, es verdadero. Pero yo lo conozco, porque de él procedo, y él me envió». *(Juan 7, 28–29)*

Jesús no actúa por su cuenta, sino como vehículo de la voluntad de Dios. No es una persona tal como nosotros nos consideramos personas. Carece de individualidad. Su voluntad y su propósito pertenecen a Dios. En el Padre Nuestro dice: «Así en el cielo como en la tierra» para subrayar su propia experiencia. En la conciencia de Dios, el ego pequeño se funde con el ego cósmico.

Yo soy Dios en acción

> Respondió entonces Jesús y les dijo: «De cierto, de cierto os digo: No puede el Hijo hacer nada por sí mismo, sino lo que ve hacer al Padre. Todo lo que el Padre hace, también lo hace el Hijo igualmente, porque el Padre ama al Hijo y le muestra todas las cosas que él hace; y mayores obras que estas le mostrará, de modo que vosotros os admiréis. Como el Padre levanta a los muertos y les da vida, así también el Hijo a los que quiere da vida». *(Juan 5, 19–21)*

Esta enseñanza toca el tema de la rendición. A cierto nivel de conciencia, uno consagra su vida a Dios. Las acciones dejan de emanar del ego; proceden de una fuente divina. En la conciencia de Dios una persona continúa pensando y actuando, pero ya no tiene la sensación de «yo estoy actuando». Por el contrario, Dios hace que las cosas pasen a través de mí. La idea queda reforzada de nuevo en el evangelio: «He descendido del cielo, no para hacer mi voluntad, sino la voluntad del que me envió» (Juan 6, 38).

Sigue mi humildad

Vosotros me llamáis Maestro y Señor, y decís bien, porque lo soy. Pues si yo, el Señor y el Maestro, he lavado vuestros pies, vosotros también debéis lavaros los pies los unos a los otros, porque ejemplo os he dado para que, como yo os he hecho, vosotros también hagáis. *(Juan 13, 13–15)*

Jesús habló sobre la humildad en muchas ocasiones y de formas diversas. En este caso se ofrece como ejemplo. Insinúa que el espíritu existe para servir, y dado que todos somos espíritu, deberíamos dedicar nuestra vida a servir. El ego interpreta esta enseñanza como una amenaza, ya que desea ser autosuficiente. La verdad es que no existe nada más que la interacción espiritual. Por tanto, cuando servimos a los demás, somos siervos y maestros de nosotros mismos.

«Decidme quién soy»

Dijo Jesús a sus discípulos: «Haced una comparación y decidme a quién me parezco». Díjole Simón Pedro: «Te pareces a un ángel justo». Díjole Mateo: «Te pareces a un filósofo, a un hombre sabio». Díjole Tomás: «Maestro, mi boca es absolutamente incapaz de decir a quién te pareces». Respondió Jesús: «Yo ya no soy tu maestro, puesto que has bebido y te has emborrachado del manantial que fluye de mí». *(Tomás 67)*

Así como el autor del Evangelio de Juan profundiza en la autoridad de Jesús, los gnósticos tomaron la dirección opuesta. Este pasaje refleja su doctrina de escepticismo frente a cualquier forma de autoridad. Resulta irónico que Jesús utilice su autoridad para negarla. Pero en eso se basaba el enigma gnóstico: cómo seguir a un maestro que no quería que sus discípulos siguiesen a nadie.

¿QUIÉN ES EL JESÚS «REAL»?

La búsqueda del Jesús «real» prosigue hoy con la misma obsesión de siempre. Durante la Edad Media los peregrinos realizaron arduos viajes para ver un fragmento de la auténtica cruz o de la lanza que atravesó el costado de Jesús durante la crucifixión. Alrededor de esas supuestas reliquias se construyeron catedrales. La mandíbula de Juan Bautista estuvo en varios lugares al mismo tiempo, y cada uno de ellos aseguraba que la auténtica era la suya. En la actualidad sobreviven menos reliquias que atraigan a las multitudes —una de las más famosas es la sábana Santa de Turín—, pero la necesidad de ver un objeto relacionado con Cristo sigue siendo poderosa.

No hace mucho, James Cameron, director de la película *Titanic,* afirmó haber encontrado algo más espectacular que un transatlántico de lujo hundido: la tumba de Jesús y de su familia. Pese a que las pruebas presentadas no convencieron a la inmensa mayoría de los expertos en la Biblia, los medios de comunicación se abalanzaron sobre el depósito de piedra en busca de huesos que pertenecieran a María y a José. En cuestión de semanas salió a la luz otro descubrimiento: la tumba del rey Herodes. De nuevo, todo ese revuelo se debía al ansia de encontrar pruebas físicas de la existencia del Jesús real.

Sin embargo, nuestros motivos no son exactamente los mismos que tuvuieron en la Edad Media. Para un peregrino medieval, Jesús fue sin duda real, y las reliquias sagradas de las catedrales le ayudaban a sentir su santa presencia; estar junto a ellas era estar cerca de Dios. La gente actual, en cambio, tiende al legalismo. Nuestro escepticismo exige pruebas de que realmente un rabino errante predicó en la zona norte de Galilea hace dos mil años. Como dichas pruebas no existen, debemos encararnos al mito del Jesús real, no con la intención de invalidar una fantasía preciada, sino para asegurarnos de que el Jesús que elegimos se asemeja al Jesús que puede cumplir sus enseñanzas. Un Jesús que nos enseñe cómo alcanzar la conciencia de Dios será más auténtico que cualquier otro, puesto que no existen ni los datos más básicos que sustenten la teoría de la existencia de Jesús tal como se le ha adorado tradicionalmente.

Enfrentarse a esta realidad es difícil, ya que la búsqueda del Jesús real se ha convertido en una industria dedicada a alimentar las esperanzas de los fieles. Obviamente, se trata de un asunto espinoso, sobre el que existen toda clase de opiniones:

1. *El razonamiento literal.* El Jesús auténtico está en los Evangelios. No hace falta buscarlo en otra parte.
2. *El razonamiento racionalista.* Los datos acerca de

Jesús se desvanecieron con el tiempo. Los cuatro Evangelios no son una prueba fiable de la existencia de una persona.

3. *El razonamiento místico.* El auténtico Jesús jamás tuvo existencia física: es el Espíritu Santo.
4. *El razonamiento escéptico.* Jesús jamás existió; es una fantasía fruto de la imaginación teológica.
5. *El razonamiento basado en la conciencia.* Jesús existe en nuestra conciencia al nivel de la conciencia de Dios.

Yo creo firmemente en este último argumento. Creo que Jesús no solo fue real, sino probablemente la persona más significativa de la historia occidental. Pero a la vista de lo confuso y contradictorio que resulta en los cuatro Evangelios, debemos profundizar más y crear una versión que satisfaga la esencia de sus enseñanzas.

Sin duda, son muchos los cristianos que se sentirán consternados, incluso indignados, por semejante confrontación con su imagen del Jesús real. Así que examinemos los razonamientos de uno en uno. En todos ellos hay sus pros y contras.

El razonamiento literal: El auténtico Jesús se encuentra en los Evangelios. No hace falta buscarlo en otra parte.

A favor: Esta debería ser la opción más simple y lógica para un cristiano devoto. La tradición eclesial ha apoyado firmemente la idea de que las Escrituras relatan hechos históricos. Las versiones de Mateo, Marcos y Lucas coinciden en gran medida —el Evangelio de Juan es un caso aparte—; se corroboran mutuamente en casi todo lo que Jesús dijo e hizo. Además, si los Evangelios no presentan al Jesús real tal como existió en carne y hueso, ¿qué otro documento podría reclamar mayor autenticidad? Las Escrituras son la mejor prueba que tenemos.

En contra: Si crees, como lo hacen los fundamentalistas, que los cuatro Evangelios fueron revelados por Dios, no hay argumentación en contra posible. La Iglesia ha pasado la mayor parte de los últimos dos mil años sin necesidad de probar ningún hecho. Pero poco a poco la noción misma de lo que consideramos real ha ido cambiando. Hace mucho que la ciencia minó la fe ciega. Vivimos una era en la que la duda se considera el punto de partida. Los escépticos presionan a los estudiosos de la Biblia para que presenten investigaciones concretas y, desde esa perspectiva, los cuatro Evangelios se tambalean. No pasan el examen de los hechos probados.

Sin embargo, emocionalmente es otro cantar. Somos conscientes de que la literalidad se ha adueñado del cristianismo. Basta cambiar de canal un domingo por la mañana para ver a docenas de teleevangelistas presentando las Escrituras como una verdad absoluta y amenazando con el azufre y el fuego eternos al que vacile. Por tanto, debemos tener especial cuidado a la hora de demostrar los motivos por los que el literalismo reposa sobre arenas movedizas. Afortunadamente, no faltan razones para levantar el ánimo de los cristianos liberales que no quieren seguir dejándose pisotear.

He aquí algunos datos concretos.

Los Evangelios fueron escritos por desconocidos. Tan solo la tradición adjudica su autoría a Mateo, Lucas, Marcos y Juan. No existen pruebas históricas de que esos cuatro hombres escribieran algo, y desconocemos la naturaleza de su relación con Jesús mientras este vivía. También eso se basa en la tradición.

Es probable que numerosos escribas anónimos alteraran los textos originales del Nuevo Testamento antes de que, entre los siglos iii y iv, se fijara la versión definitiva. No se ha consensuado ningún método para dirimir cuándo se incorporó cada versículo a los Evangelios ni qué decían los textos originales.

Quienes escribieron los Evangelios, no coincidieron en la presentación de los acontecimientos en el tiempo. Por ejemplo, no sabemos si Jesús predicó durante tres años, tal como sostiene la tradición, o solo durante dieciocho meses. No sabemos si Jesús acudía a menudo a Jerusalén con motivo de las festividades sagradas o solo fue una vez, por Pascua, cuando fue arrestado y crucificado.

Se le atribuyen palabras que nadie pudo haber oído (como la escena en el jardín de Getsemaní en que Jesús pide a Dios que retire la copa de sus labios, en alusión a su futura condena en la cruz. En este caso el texto también nos dice que los discípulos se habían quedado dormidos, por lo que nadie pudo oír las palabras de Jesús. Y, puesto que lo arrestaron inmediatamente después, tampoco hubiese tenido tiempo de contárselo a nadie). Los cuatro Evangelios contienen además saltos temporales. No componen una biografía completa. Como hemos visto antes, salvo un incidente ocurrido en Jerusalén cuando Jesús tenía doce años, los Evangelios no aportan ningún dato de la vida de Jesús entre su nacimiento y su repentina aparición en el río Jordán para ser bautizado por Juan Bautista, cuando Jesús rondaba ya la treintena.

Asimismo, el Jesús de los Evangelios está incompleto desde el punto de vista psicológico. Por ejemplo, ni un sola vez ríe o sonríe. Debemos esperar narraciones posteriores para conocer mínimos datos acerca de sus hermanos y hermanas. Jesús apenas menciona hechos históricos o biográficos. No habla de su nacimiento en Belén ni de los milagros que rodearon su llegada al mundo. No dice si está casado o soltero. Los doce discípulos estaban casados, y la mayoría de las veces sus esposas los acompañaban. Sin embargo, nadie, y mucho menos Jesús, comenta si él estaba casado. (Vacíos tan tentadores invitan al cristianismo a inventarse nuevos mitos, como el que afirma que Jesús estuvo casado con María Magdalena. Diríase que, a la estela de la popularidad mundial cosechada por *El código Da Vinci,* muchos cristianos no tienen reparos en renegar de la absoluta autenticidad del Nuevo Testamento cuando así les conviene.)

Los evangelistas no pretendían narrar los acontecimientos de una vida, sino convertir a los no creyentes y sustentar su propia creencia de que Jesús era el Mesías. Es casi seguro que a tal fin exageraron la realidad, inventaron milagros y atribuyeron a Jesús palabras que nunca pronunció. Por ejemplo, Jesús cita a menudo profecías del Antiguo Testamento acerca del Mesías que vendrá o hace referencia a ellas. ¿Era así como hablaba el auténtico Mesías, o como debía expresarse un Mesías si quería ganar conversos?

Otros documentos podrían ser tan antiguos como los cuatro Evangelios y por tanto también se reclaman auténticos. Como ya hemos visto, entre ellos se encuentran los llamados Evangelios Gnósticos, como el Evangelio de Tomás, documentos primitivos prohibidos por la Iglesia a partir del año 313. Por esa fecha el emperador Constantino adoptó oficialmente el cristianismo, acabó así con la persecución de la fe pero inició un ingente esfuerzo por destruir la herejía y autorizar una sola Iglesia y una sola Escritura. Entre las congregaciones cristianas primitivas, las Escrituras diferían considerablemente. Por ejemplo, las creencias locales tuvieron gran influencia en la historia del nacimiento de Jesús que narran los Evangelios. Probablemente en ello desempeñó un papel fundamental el hecho de que un escriba de una iglesia concreta se inspirara en las historias locales.

Parece ser que el Evangelio que primero se escribió fue el de Marcos, y en general los estudiosos coinciden en que se basó en un documento perdido denominado Q —del término alemán *Quelle,* que significa «fuente»—, que se cree se trataba de una lista de las frases, parábolas y enseñanzas más importantes de Jesús. A esa escueta lista, Marcos añadió todas las historias que encontró, transmitidas oralmente. En cierto momento, cuando la popularidad de tales listas de aforismos menguó, Q desapareció.

Estos datos resultan desalentadores. Tienen un poderoso efecto acumulativo: se puede negar alguno en particular, pero presentados en conjunto resisten cualquier intento de negación. A menos que uno crea que los Evangelios son la verdad revelada, creo que los cuatro presentan suficientes problemas internos para que uno se cuestione —y abra a interpretaciones diversas— al Jesús de la Biblia.

El razonamiento racionalista: Los datos acerca de Jesús se han desvanecido con el tiempo. Los cuatro Evangelios no son una prueba fiable de la existencia de una persona.

A favor: Digo que este argumento es racionalista porque admite un hecho con el que la mayoría de nosotros estaría de acuerdo: con el paso de los siglos, el Jesús real se ha perdido. En la Iglesia primitiva las sectas gnósticas llegaron a declarar que los cuatro Evangelios eran falsos. Algunos pocos texto gnósticos que se conservan (como el Evangelio de la Verdad) ridiculizan a cualquiera lo bastante tonto para creerse las mentiras que cuentan las narraciones aceptadas sobre Jesús.

Los estudiosos contemporáneos de la Biblia, más generosos, destacan que los autores de los Evangelios no pretendían engañarnos, solo intentaban transmitir la urgencia de la conversión. Si hacía falta mezclar realidad y ficción, el fin justificaba los medios. ¿Acaso no había prometido Jesús que la Segunda Venida estaba muy cerca? Había que convertirse ya para evitar la condena eterna. Por tanto, se tomaron ciertas libertades y, con ellas, cualquier parecido de Jesús con una persona de carne y hueso se perdió. Solo el Jesús idealizado sobrevivió al proceso.

En contra: Cualquier argumento basado en la falta de datos acerca de Jesús puede refutarse afirmando que los cuatro Evangelios son reales en tanto que documento de fe. Recurrir a la racionalidad aquí equivaldría a vestir al lobo con piel de cordero. ¿Qué pruebas tenemos de la autenticidad de la mayor parte de lo que consideramos historia? La existencia de Julio César no está basada en fotografías, huellas digitales o restos humanos. Los cristianos devotos podrían argumentar que los seguidores de Jesús le conocieron íntimamente y escribieron lo que sabían, por poco que fuera. Como prueba, mejor que nada, la nueva religión que se propagó como la pólvora en torno a la figura de Cristo. Quienes lo conocieron en vida corrieron la voz de lo que habían visto y el efecto fue enorme.

Las dos caras del argumento racionalista coinciden en rechazar la revelación divina. Esperan que Jesús sea razonable y únicamente discrepan en el grado de duda aconsejable. Hasta el siglo pasado no se permitió aplicar los principios de la biografía histórica a la figura de Cristo. En la actualidad Jesús ya no está exento de la fría mirada del investigador, no menos que Shakespeare o Lincoln. Pero investigar implica comparar diversas fuentes. ¿Cómo puede la Biblia pasar la prueba si no existen otros documentos que demuestren la existencia de Jesús?

Los cristianos viven en una zona oscura plagada de ambigüedades. Por una parte, deben aceptar los Evangelios porque sin ellos no existe Jesús, mientras que por otra parte no hay forma racional de dilucidar qué escenas de la narración son históricas. La física puede explicarlo todo acerca del agua excepto cómo caminas sobre ella. Al final, el racionalismo no ofrece respuestas satisfactorias.

El razonamiento místico: El auténtico Jesús jamás tuvo existencia física. Era y es el Espíritu Santo.

A favor: El Evangelio de Juan es famoso entre los estudiosos de la Biblia por haber transformado a un Jesús de carne y hueso en un espíritu incorpóreo. El buen pastor que reunía a su rebaño cambió a: «En el principio ya existía la Palabra, y aquel que es la Palabra estaba con Dios y era Dios» (Juan 1, 1). Jesús pasa repentinamente a ser algo abstracto e invisible, la palabra que jamás nació y jamás morirá.

Quizá Juan sacó a Jesús fuera de la historia porque tenía un motivo ulterior. Jesús no podía ser el Mesías si no rescataba al pueblo de Israel y derrocaba a sus opresores, pero ocurrió justo lo contrario. Los romanos destruyeron el templo de Jerusalén en el año 70 y, con eso, cualquier esperanza de que

Cristo gobernase físicamente el mundo en nombre de Dios. La decisión de Juan de revestir la historia de Jesús con tanta teología siempre despertará controversias, pero una cosa es innegable: erradicó el problema de la cuestión histórica haciéndola irrelevante. Jesús pertenece a la eternidad.

La resurrección transformó al hombre de carne y hueso en un ente absolutamente divino: el Espíritu Santo. Por tanto, no necesitamos de la historia para encontrar al Jesús real. La espiritualidad trata sobre verdades que no pueden ser comprendidas desde una perspectiva estrictamente racional. Dado que el Espíritu Santo es trascendente, no hay que buscar a Jesús en la tierra, sino en el Reino de Dios. Es una realidad del alma, no de la arqueología.

En contra: Convertir a Jesús en el Espíritu Santo plantea la pregunta de quién es la persona que nos encontramos en las Escrituras. La teología es arbitraria; puede contar lo que quiera, encontrar el significado oculto que le plazca. Una vez se ha adoptado un enfoque absolutamente místico de Jesús, no se necesitan pruebas. La fe no puede ser probada ni refutada. La visión de un santo es tan válida como la de cualquier otro.

El argumento místico no transige ante los estudiosos que intentan obtener pruebas de la existencia histórica de Jesús, por lo que enfrenta a la humanidad a una grave escisión. Por una parte se encuentra el milagroso mundo de Jesús, donde las leyes físicas de la naturaleza obedecen su voluntad. Por otra parte existe el mundo material, en el que Dios no se entromete y donde dominan las leyes físicas de la naturaleza. ¿Dónde comienza y dónde acaba el misticismo? El misticismo por sí solo no puede responder a esta pregunta.

Antiguamente los creyentes aceptaban mucho mejor una realidad dividida. Hoy queremos claridad: ¿Jesús forma parte de un mundo milagroso o de este?

El razonamiento escéptico: Jesús jamás existió; es una fantasía fruto de la imaginación teológica.

A favor: Quienes consideran los Evangelios una obra de ficción señalan que el Nuevo Testamento no es único. Es uno de tantos otros documentos de la historia espiritual que aúnan esperanzas, deseos, fe ciega, narraciones tradicionales, magia y mitos de profundo arraigo presentes en todas las culturas. A partir de esta amalgama, un grupo de místicos judíos crearon lo que más anhelaban: un Mesías que salvaría al judaísmo y validaría el destino del Pueblo Elegido.

Pero ¿es verosímil que un grupo de personas fuese capaz de inventar a Jesús sin que hubiera el más mínimo rastro de su existencia física? Supongamos que ese fue el caso. ¿Pudieron llegar a creerse su propia invención? Una cosa es que Dickens fuera capaz de crear un personaje tan vívido como Scrooge, y otra muy distinta que le dejara dinero en su testamento. En una ocasión, un periodista le preguntó a Albert Einstein si el cristianismo le había influenciado y él respondió: «Yo soy judío, pero siento fascinación por la luminosa figura del Nazareno». Sorprendido, el periodista le preguntó si creía que Jesús hubiera existido realmente. El genial científico contestó: «Indudablemente. Nadie puede leer los Evangelios sin sentir la presencia de Jesús en ellos. Su personalidad está presente en todas las palabras. No se puede construir un mito con semejante vida».

En contra: La objeción obvia al escepticismo es que no

resuelve el misterio del Jesús real, solo lo reformula. Ya sabemos que la fe y la razón no conjugan bien. Sabemos que los evangelistas tenían sus propias motivaciones. Descartar arbitrariamente a Jesús como producto de la ficción es tan poco válido como aceptar arbitrariamente que toda su historia es literalmente cierta. Al nivel más básico, es más fácil aceptar que Jesús existió que lo contrario, porque la idea de que una religión nueva basada en un cuento de hadas se extendiera como la pólvora se antoja altamente improbable.

Más tranquilizadora resulta la versión más diluida de esta línea argumental: Jesús fue real, pero ignoramos hasta qué punto. Podríamos denominarla la postura gnóstica. Los gnósticos creían en Jesús, pero no en la versión del Evangelio. El escepticismo menos radical es similar aunque contradictorio. En consecuencia, no nos satisface ni emocional ni intelectualmente. Es mucho mejor encontrar la manera de tener algún tipo de Jesús (maestro ético, Mesías, obrador de milagros, santo o modelo de bondad humana) que una figura relegada a permanecer eternamente en el limbo.

El razonamiento basado en la conciencia: Jesús existe en nuestra conciencia al nivel de la conciencia de Dios.

A favor: Las pruebas circunstanciales que demuestran la existencia de Jesús son poderosas y, a falta de pruebas concluyentes, lo mejor que podemos hacer es aceptarlas. Si Jesús es una invención, quienes le inventaron fueron personas de una profunda espiritualidad. Se encontraban en los niveles más altos de la iluminación, y parece más probable que eso sucediera por el contacto con una persona viva, real —un gran maestro—, que porque un grupo de escritores de repente se iluminaron a la vez y escribieran los Evangelios.

La vida de Buda nos facilita un modelo razonable que podemos seguir: un gran maestro transmitió su sabiduría a un grupo de seguidores, y estos trataron de preservar su mensaje cuando aquel murió. Sus esfuerzos no fueron perfectos, pero sí admirables. Algunos discípulos alcanzaron la iluminación como resultado de seguir las enseñanzas. Otros continuaron siendo creyentes devotos. A todos ellos les maravilló haber conocido a una persona de carisma y sabiduría sobrehumanos. Así es como transmitieron su experiencia a la posteridad, legaron el testimonio de un hombre de carne y hueso cuya unión con Dios era inmediata, personal y directa.

En contra: Comparto este argumento acerca del Jesús real y por tanto me resulta complicado encontrarle inconvenientes. Desde luego, un cristiano devoto se opondría a meter al Mesías en el mismo saco que a maestros iluminados como Buda y los sabios védicos de India. (El catolicismo se empecina en no aceptar un Cristo a lo Buda, por ejemplo, porque lo considera incompatible con la doctrina eclesial. La iluminación no comparte la idea de la Iglesia de que todas las formas de fe salvo el cristianismo son paganas.)

La singularidad de Cristo ha formado parte de la ortodoxia cristiana durante siglos. Sin embargo, atribuir a Jesús un alto nivel de iluminación no tiene por qué degradarle; solo le hace más accesible. Le sitúa en la gran tradición de sabiduría que domina las grandes culturas. La alternativa consiste en perderse en pantanosas disputas teológicas y discutir sobre dudosos descubrimientos arqueológicos.

La búsqueda del Jesús real no concluirá en un futuro

inmediato. Es probable que el escepticismo siga extendiéndose y la fe reculando, como ocurre desde hace generaciones. Pero la cuestión no es si Jesús sigue siendo popular o no. Tratar de encontrar al «Jesús real» constituye un esfuerzo básicamente fundamentalista. Como tal, se incluye en el programa de las personas que anhelan un cristianismo rígido y excluyente. La trágica ironía es que Jesús predicó contra los sacerdotes del templo por haber adoptado esa misma postura.

Todos los argumentos que he apuntado se basan en interpretaciones. Pese a las tradiciones de la Iglesia, que en este campo solo reconoce la autoridad de los sacerdotes y los santos, en la actualidad el campo de juego de la religión ha cambiado: todo el mundo puede realizar su propia interpretación del Nuevo Testamento. Por desgracia, este gran texto es lo bastante ambiguo y confuso para sustentar casi cualquier tesis acerca de lo que significa.

Jesús ofreció la misma salvación que Buda: librarnos del sufrimiento y enseñarnos un camino hacia la libertad espiritual, la dicha y la proximidad con Dios. Desde este prisma, el Jesús real es hoy tan accesible como siempre, o quizá incluso más. En vez de confiar solo en la fe, podemos superar la mera adoración y encontrar un conjunto de enseñanzas que concuerdan con las tradiciones sabias del mundo, una corroboración en términos cristianos de que la conciencia superior existe y está abierta a todos.

Tercera parte

Adoptar a Jesús como maestro:

Guía para los que buscan

LA BÚSQUEDA DE UNA REALIDAD SUPERIOR

Jesús abrió un camino hacia la iluminación que todavía hoy puede transitarse. De sus enseñanzas aprendemos a provocar un cambio en nuestra conciencia. Para facilitar el proceso, propondré unos ejercicios diarios basados en los versículos del Nuevo Testamento. Jesús no habló de prácticas específicas más allá de la oración y la entrega personal a Dios mediante la fe. Pero dos mil años después disponemos de un amplio conocimiento sobre el crecimiento espiritual proveniente de las tradiciones tanto orientales como occidentales.

Jesús nos pide una transformación personal. Pero Jesús no puede alcanzarse en tanto que persona. Jesús existe en la conciencia como estado de unidad con Dios. Cada paso que acorte la separación y nos acerque a la unidad cuenta. Estamos sujetos a una percepción limitada de quiénes somos; el propósito del siguiente ejercicio consiste en reemplazar las verdades caducas, en derribar los obstáculos que hacen que nos parezca bien vivir limitados.

En cualquier momento se puede trabajar para alcanzar la conciencia de Dios. La Iglesia ha pospuesto la redención hasta un lejano día del Juicio. Por fortuna, Dios está en todas partes. Si te sientes desconectado de Dios significa que has cometido un error. El propósito del camino espiritual es corregir ese error. Y eso implica cambiar cómo vivimos y cómo nos vemos a nosotros mismos. En el presente capítulo explicaré desde un punto de vista práctico cómo se producen tales cambios. Los quince pasos detallados a continuación no son doctrina eclesial, y a primera vista mi puesta en práctica de las palabras de Jesús podría extrañar a más de uno. Pero Jesús no puede considerarse de forma aislada. Pertenece a una tradición mundial. Sus enseñanzas se suman sin fisuras al flujo de la sabiduría que emana de otras tradiciones, así como de la evolución última del cristianismo.

15 asos hacia la conciencia de Dios (lecciones y ejercicios)

1. El Reino de los Cielos está en tu interior.

Aplicación de la enseñanza: La fuente de la realidad se encuentra en ti; es tu esencia.

Jesús señala aquí el camino que lleva a dimensiones ocultas, no solo la noción convencional del cielo. Cuando entras, eres consciente de actividades tales como los pensamientos y los sentimientos. El instinto te lleva a perseguir la actividad que conduce al placer y evitar aquella que lleva al dolor. Pero Jesús se refiere a una realidad interior totalmente distinta. La conciencia oculta tras los pensamientos es la que alberga toda la inteligencia del universo. Es al mismo tiempo personal y colectiva. La personal está formada por las relaciones, y la colectiva se compone de mitos y arquetipos comunes a todas las culturas. Tú eres ambas dimensiones, y puedes conectarlas como un puente hacia lo sagrado.

Ejercicio: Cuando tengas un buen rato para estar solo y tranquilo, siéntate en silencio. Escoge una plegaria con la que te sientas seguro o, mejor aún, escoge una frase significativa de esa plegaria. Por lo general pido a la gente que diga: «Padre nuestro, que estás en el cielo», pero quizá prefieras «Ave María, llena eres de gracia». Repite las palabras para tus adentros y deja que se fijen de manera natural en tu conciencia, cada vez más suaves y profundas. Continúa así durante cinco minutos como mínimo y hasta un máximo de veinte minutos. Este tipo de repitición sagrada es común a todas las tradiciones religiosas.

Cuando abras los ojos, fija la mirada en una imagen sagrada, ya sea un icono, un retrato de Jesús o una estatua de María. Pide a la figura que se encarne a través de ti. Empieza a sentir la conexión. No la fuerces, basta con manifestar la intención de que el arquetipo de Cristo, María o cualquier santo que elijas se funda con tu ser. Algunas personas recurren a los ángeles, que viene a ser como pedir ayuda a la esencia de Dios.

A continuación debes contemplar las cualidades específicas que deseas, como el amor, la compasión o el perdón. Son energías arquetípicas que pides expresar mediante el pensamiento, las emociones y las acciones. Al recurrir a tu arquetipo superior, te encontrarás pensando y actuando de una manera desconocida para ti. Pese a que Jesús llama «Padre» a Dios, el espíritu no está sujeto a cuestiones de género. Al igual que los gnósticos, puedes concebir a Dios como un ente femenino o incluso como un ente con los dos géneros.

Este ejercicio sirve para eliminar la barrera artificial existente entre el yo aislado y el yo superior.

2. *Estar en el mundo sin ser del mundo.*

Aplicación de la enseñanza: Gracias al distanciamiento dominarás la realidad exterior y la interior.

Jesús pide distanciamiento, que no es lo mismo que la indiferencia o la pasividad. La distinción es importante. Eres más que la persona de carne y hueso que ves en el espejo, una persona creada por el mundo que te rodea. Tu ser real tiene su origen en el espíritu. Mediante el distanciamiento tu filiación se desvía de lo físico a lo espiritual. Como primero eres espíritu y después persona individual, en realidad el mundo está en ti, en imágenes, pensamientos, sensaciones, recuerdos y proyecciones. Tú eres más real que el mundo material y estás más cerca de la fuente creativa.

Ejercicio: Al principio puedes sentarte para realizar este ejercicio, pero está pensado para cualquier momento, incluso mientras se hace alguna otra actividad. Céntrate un momento, concéntrate en tu respiración. Observa cómo fluye, fíjate en cómo la respiración está cambiando constantemente, ya sea de forma sutil o evidente. Al mismo tiempo, cobra conciencia del entorno de la respiración. Es la base del ser y del silencio, tu base. Fíjate en cómo ambos aspectos coexisten, los cambiantes y los inmutables. Puedes estar en el mundo del cambio mientras recuerdas la base inmutable.

La respiración y el espíritu siempre han estado conectados; un sutil lazo une la inspiración y la respiración. Si cobras conciencia de esa conexión, la reforzarás. De hecho, ser consciente de la respiración es una de las maneras más naturales de distanciarse de la agitación que nos rodea.

3. *Pues mi yugo es fácil y ligera mi carga.*

Aplicación de la enseñanza: La vida requiere menos esfuerzo cuanto más te aproximas a la conciencia de Dios.

Jesús alude a dos niveles, uno superior y otro inferior. El nivel inferior, el físico, está lleno de cargas, pero Jesús asegura a sus seguidores que Dios despejará el camino y retirará los obstáculos, en ocasiones de manera milagrosa. Es el equivalente a decir que la vida en la senda espiritual resulta más sencilla que la lucha en la vida diaria.

A un nivel superior Jesús utiliza la voz del espíritu puro. El alma dice: «Sé uno conmigo. Si lo haces, tus esfuerzos acabarán». En Oriente esta es la promesa del Yoga, o unión con Dios. La palabra sánscrita *Yoga* también es el origen de la palabra inglesa *yoke* (yugo). Jesús se aproxima a esta idea cuando dice: «Unirse a mí es fácil, mi carga es ligera». Un recordatorio muy útil cuando se siente la tentación de considerar a Jesús como una figura trágica destinada a cargar sobre sus hombros con el peso de un mundo pecaminoso.

Ejercicio: A tu modo, fluye. No te resistas ni te opongas. No controles. Deja pasar el día sin albergar expectativas. El mundo parece una entidad enorme y tú, muy pequeño. Pero en realidad el mundo fluye de ti. Tú eres su fuente. Para cobrar conciencia de esa realidad, debes comenzar a vivir como si fuese cierta.

Puedes pensar en ello como un ejercicio de entrada y de salida. Cuando operamos en la creencia de que el mundo real de «ahí afuera» nos empuja, nuestra entrada mental se manifiesta en forma de obstáculos, resistencia y esfuerzo. Pero si operamos en la creencia de que somos el origen y que el mundo es secundario, los acontecimientos se suceden con delicadeza, con tiempo y espacio de sobra. Las soluciones a los problemas empezarán a llegar sin esfuerzo.

En la práctica, el mejor consejo es relajarse. Cuando tropieces con una situación que sabes que te frustra o irrita, no caigas en las reacciones de siempre. No ganas nada insistiendo en algo que antes no funcionó. Permite que sea Dios, el espíritu o el alma el que tome el control, aunque sea un poco. Espera a ver qué tiene en mente el universo. Te sorprenderá lo poderoso que puede resultar este ejercicio si te entregas a él con dedicación.

Una vez sabes que tu deseo y el deseo de Dios son el mismo, el universo coopera contigo.

4. *Pedid, y recibiréis.*

Aplicación de la enseñanza: Toda satisfacción procede del interior.

Quizá sea esta una de las promesas más extravagantes de Jesús. Todos hemos pedido y no hemos recibido. Para descubrir lo que Jesús quiso decir en realidad debemos contestar antes a una serie de preguntas: ¿Quién pide? ¿Adónde se dirige la petición? ¿A quién alcanza? Para la mayoría de las personas, la petición procede del ego, con su inacabable flujo de deseos. La petición se dirige al vacío o al vago recuerdo del Dios de la niñez. Y el receptor de la petición es desconocido.

Esto significa que la petición y la recepción están desconectadas. Y así debe ser, porque en la conciencia cotidiana el mundo está separado de nosotros y fragmentado en millones de acontecimientos aislados. No obstante, a un nivel más profundo, todo está unificado y completo. Cuando pides algo, Uno pide a Uno, Dios pide a Dios. Y siempre se obtiene una respuesta.

Ejercicio: Aprende a pedir de una manera nueva, confiando en que cada deseo tendrá una respuesta. Adopta la actitud del poeta persa Rumi: «Pídelo todo». La mecánica del dar y el recibir está en tu interior. Por tanto, la próxima vez que reces por algo o simplemente desees algo, sigue los siguientes pasos:

Expresa para ti mismo y de manera clara el desenlace deseado.
Distánciate de la petición en cuanto la hayas formulado.
Adopta una actitud poco exigente hacia el resultado.
Debes estar abierto a cualquier respuesta que el universo te proporcione.
Toma conciencia de que siempre hay una respuesta.

En este caso, «respuesta» no significa un sí o un no por parte de Dios. No hay un juez que decida si lo mereces o no.

Esas percepciones nacieron de la separación. Cuando Jesús les dijo a sus seguidores que Dios lo ve y lo sabe todo, estaba describiendo la absoluta intimidad entre el ser y la inteligencia que domina al universo. Dado que no podemos existir sin formar parte de dicha inteligencia, rezar a Dios es un acto circular, un bucle que se retroalimenta.

El propósito de adoptar una nueva actitud hacia la oración no consiste en conseguir más cosas que en el pasado. Como en cualquier otro aspecto de la senda espiritual, el propósito es superar la separación. En el estado de unidad experimentado por Jesús, cada pensamiento traía consigo una respuesta de Dios. En el estado de separación que experimentaron sus seguidores, muchos pensamientos parecían no obtener respuesta. Se produjo un error de comunicación. Para repararlo hacía falta un nuevo sentido del ser. Jesús insiste en que «Tú estás en Dios y Dios está en ti». Poco a poco podemos comenzar a experimentar esa verdad, y una de las mejores maneras de conseguirlo es observar cómo obtenemos respuesta a nuestras oraciones. Las maneras a menudos son sutiles y cambiantes. Por ejemplo, si rezas para curarte de una enfermedad, podría darse cualquiera de los supuestos siguientes:

Te recuperas completamente de manera espontánea.
El tratamiento médico que estás recibiendo surte efecto.
La enfermedad mejora más rápido de lo normal o tiene menos efectos o secuelas.
Estás más seguro de que te recuperarás.
Estar enfermo te provoca menos miedo y ansiedad.
Te invade una sensación de paz.
Aprendes a aceptar las cosas.

Al mantenerte abierto y alerta a las posibles respuestas, sean internas o externas, huyes de la dicotomía «Dios me curó» o «Dios no me curó». Cada oración es una ínfima parte de un viaje eterno. La mente-ego se debate en la dualidad y está acostumbrada a esperar respuestas afirmativas o negativas. En la realidad, el viaje presenta innumerables matices y cada acontecimiento está interconectado con todos los demás. Por tanto, cuando pides algo, la respuesta a ese deseo se computa en un contexto que abarca todos los aspectos de tu yo pasado, presente y futuro.

Así pues, la oración es doblemente rica. Te abre un universo que vive y respira, un universo que responde al más mínimo pensamiento. Y, lo que es todavía más importante, la oración demuestra que establecer una conexión íntima con Dios, además de ser posible, es la manera más natural de vivir. Toda satisfacción proviene del interior, porque todo comienza y acaba a nivel del alma.

5. *Perdona nuestras deudas, así como nosotros perdonamos a nuestros deudores.*

Aplicación de la enseñanza: El sufrimiento se apoya en la irrealidad. Para superar el sufrimiento hay que buscar lo real.

En este pasaje del Padre Nuestro, Jesús aborda uno de sus principales objetivos: conseguir que la gente crea en un Dios compasivo. Según la creencia cristiana generalizada, Jesús perdonó los pecados del mundo y trajo consigo una nueva alianza con Dios basada en el perdón del pecado en lugar del castigo divino. Debes preguntarte si esa es tu experiencia. ¿Sientes que se han borrado de tu conciencia tus errores pasados? ¿Has perdonado a aquellos que te trataron mal en el pasado?

La enseñanza aquí consiste en cómo acabar con el sufrimiento. En el modelo cristiano el pecado es la causa del sufrimiento. No se te perdonarán los pecados, y por tanto no te librarás del sufrimiento, si no eres consciente de que has sido perdonado. Debes recibir el mensaje del perdón, y ello exige retirar todo aquello que lo obstaculiza: la culpa, el enfado, el resentimiento, la falta de dignidad y el aislamiento. Si puedes retirar esos obstáculos, experimentarás el perdón divino prometido por Jesús. No precisas adoptar un marco de creencias religiosas; puedes interpretar que el perdón proviene del alma, del inconsciente o del espíritu: de cualquier lugar que sientas como tu origen.

Ejercicio: La culpa es una forma de sufrimiento y la raíz del sufrimiento, es la irrealidad. Jesús insistió en que sus oyentes no sabían quién era ni de dónde procedía. Estaban atrapados en una visión irreal de Dios y de los seres humanos. Para perdonarnos a nosotros mismos o a los demás, debemos dirigirnos hacia la realidad. Como muy bien describió Jesús, lo real es el amor de Dios y el perdón y la infinita valía de sus criaturas aquí en la tierra.

Necesitas reforzar esa realidad de la manera que te sea posible. Sigue la Regla de Oro y trata a los demás como te gustaría que te tratasen. Muéstrate agradecido por la vida. Trata de apreciar a los demás. Todas estas decisiones desencadenan un proceso de purificación de sentimientos ocultos de culpa y disgusto. Deja que afloren. No los enmascares. Fingir perdonar cuando el sentimiento no es auténtico no resulta productivo.

Si te sientes particularmente culpable por algún hecho del pasado, siéntate tranquilamente y sigue los siguientes pasos:

Visualiza lo que te hace sentir culpable. Rememora el escenario en que tuvo lugar. Siéntete como entonces.

Libera durante un rato los sentimientos de culpa. Si ello implica llorar, respira hondo; si las emociones son tan intensas que tienes que tumbarte, sigue tu instinto. Pero no te recrees en la culpa. Recuerda que esos sentimientos te están abandonando. Pídeles que se marchen.

Cuando sientas que te enfrentas directamente a la culpa, recuerda que las imágenes y sensaciones que experimentas no son más que recuerdos. Como tales, no poseen una realidad presente. No intentes que desaparezcan, no funciona. Los lazos emocionales hacen que los recuerdos permanezcan. Pero las emociones del pasado también son irreales; son sombras que proyectan oscuridad sobre el momento presente.

Expresa la voluntad de dejar marchar lo que no es real. Pide a los viejos sentimientos y a las energías encalladas que se disipen y regresen a su origen. Espera una respuesta. La culpa, como cualquier otra energía atascada, se hace más fuerte en la mente si no se le presta atención. Es como un microchip que no para de repetir el mismo mensaje. No confundas esa intensidad con una prueba de que eres malvado y de que jamás se te perdonará lo que hiciste. Esa intensidad no es más que un grito que reclama nuestra atención. De modo que préstale atención y muéstrate compasivo y comprensivo.

Llegado a este punto, estás a punto para el perdón. Has comprendido que el sufrimiento es un residuo del pasado compuesto de energías no liberadas. El perdón es liberación. No es un acto de valor moral o de tolerancia sobrehumana. La mejor metáfora es *purificación.* Como cuando dejas reposar el agua turbia para que se aclare, tu objetivo consiste en retirar la nebulosa que te impide ver quién eres en realidad, un alma libre de culpa. No esperes eliminar toda esa oscuridad de una vez. Es un proceso y tendrás que repetirlo cuantas veces sean necesarias. Debes hacer que el proceso funcione. Si te enfrentas a los fantasmas y las sombras del sufrimiento pasado, el sufrimiento presente se alzará y dejará espacio para el perdón duradero.

6. *Estad quietos y conoced que yo soy Dios.*

Aplicación de la enseñanza: La vida se desarrolla espontáneamente y sin esfuerzo desde el origen.

Estas palabras provienen de los Salmos, no de Jesús, que no dejó tras de sí ninguna enseñanza similar. La quietud hace referencia a la meditación y aunque Jesús no predicó sobre la meditación, esta devino un aspecto esencial de la tradición cristiana. Junto con la oración, la meditación es el principal camino que tiene el creyente para establecer un vínculo con Dios y Jesús. Podría afirmarse que Jesús hacía referencia a la meditación cuando dijo: «Permaneced en mí como yo permanezco en vosotros».

Cambiemos levemente nuestro enfoque y analicemos el significado de «estad quietos». Si consideramos la meditación una actividad aislada, algo que hacemos cuando encontramos un oasis de paz y serenidad, no la estamos entendiendo. El propósito de la meditación es contactar con la realidad. En nada beneficia el silencio per se. La incesante actividad mental nos distrae de lo que subyace al nivel de actividad. El silencio es solo un aspecto de la meditación, y no el más importante. En el origen estamos conectados a la conciencia pura, la fuente de toda inteligencia, poder y capacidad organizativa. En la quietud, podrás comenzar a contemplar esas cualidades en funcionamiento tanto dentro como fuera de ti. «Conoced que yo soy Dios» hace referencia al desarrollo de una realidad más profunda de la que la mente-ego jamás tuvo conciencia.

Ejercicio: Cuando te domine la incertidumbre, siéntate en silencio y busca en tu interior. Una vez centrado, recuerda que todo forma parte de un plan mayor. La inteligencia oculta organiza todos los aspectos de la vida, aunque solo seas capaz de entreverlo. Para superar la incertidumbre, debes expandirte más allá de las limitaciones impuestas por la confusión, el miedo, el control y las expectativas demasiado rígidas.

Obsérvate en tu estado actual de contracción y relájate. Visualiza cómo te expandes; respira hondo y amplía tus límites al exhalar. La contracción es tanto física como mental. Para ser uno con nuestro espíritu y finalmente estar en comunión con Dios, debemos superar nuestros límites. Todos los muros de separación son de construcción propia, por tanto podemos derribarlos.

Resulta útil observar a diario las limitaciones que nos frenan, pero no debemos suponer que los muros caerán de golpe. Te enfrascarás en una larga negociación con las creencias de siempre y tu viejo concepto de ti mismo. Todo el mundo tiene infinidad de razones para creer en el ser apartado, para mantenerse alejado de la verdad de su propia naturaleza divina. Este ejercicio es solo uno los componentes necesarios para liberarse del yugo de las limitaciones. Al sentarte en silencio y contemplar cómo te expandes más allá de la personalidad-ego, comprenderás cosas nuevas, hasta que, al final, recibirás el conocimiento más profundo y reconocerás la realidad de Dios.

7. *Lo que siembres, recogerás.*

Aplicación de la enseñanza: El mundo es un espejo del ser.

Estas palabras ya aparecieron en el contexto del karma: Jesús enseña a sus oyentes que sus acciones tienen consecuencias morales. A buenas acciones, buenos resultados; a malas acciones, malos resultados: es la manera más común de entender el concepto del karma. Pero en un sentido más amplio Jesús alude a la vida en la senda espiritual. El mundo es un espejo del ser. Las buenas acciones conducen a buenos resultados no porque Dios preste atención, juzgue y luego nos recompense con un buen resultado. Las acciones y los resultados ocurren simultáneamente.

Con cada pensamiento, palabra y acción se produce un cálculo constante e instantáneo. La mayoría de la gente no percibe los resultados buenos o malos a no ser que resulten dramáticos, pero el mundo funciona como un espejo hasta en su detalle más nimio. Los mecanismos de la conciencia están organizados de tal modo que las dimensiones interna y externa encajan a la perfección. ¿Por qué necesitamos que Jesús u otro maestro iluminado así nos lo indiquen? Porque la mente es tan compleja y la naturaleza humana tan multidimensional que se nos condiciona fácilmente para que pasemos por alto los vínculos entre lo externo y lo interno. La separación se basa en nuestra voluntad de desdeñar ciertas imágenes, algunas tristes e inquietantes, que el mundo nos devuelve reflejadas. En el camino espiritual estamos más dispuestos a ver lo que tenemos ante los ojos, si no con los ojos del cuerpo, con los del alma.

Ejercicio: Este es un ejercicio para que aprendas a mirarte en el espejo. Vas a verte como dos personas, alguien a quien admiras profundamente y alguien que te disgusta intensamente. Comienza por la persona a la que admiras. Elabora una lista de los rasgos que admiras en ella. Tiene que ser lo más personal posible. Por ejemplo, existen muchos modelos de coraje y fortaleza, así que ¿por qué has elegido precisamente a Nehru, la Madre Teresa o Martin Luther King? La respuesta es que tus aspiraciones se corresponden con los logros de tus héroes. Alguna cualidad de tu interior lucha por salir a la superficie. Quizá sea la semilla de la compasión estimulada por la figura de la Madre Teresa o la del altruismo, estimulada por Albert Schweitzer. Si escoges a Jesús, una figura tan grande que pertenece a todo el mundo, analiza tus ansias por expandirte en todas direcciones: tal vez la semilla de la libertad quiere crecer.

Ahora invierte el ejercicio y escoge a alguien que te disguste. Anota sus peores cualidades (esta parte no suele resultar difícil) y luego piensa en cómo tú también albergas esas mismas cualidades sin saber verlo. Tendemos a proyectar sobre los demás lo que no somos capaces de afrontar en nosotros mismos. Evita escoger a una figura odiada por todo el mundo, como Adolf Hitler, ya que la enormidad de sus acciones podría llevarte más allá de la observación de tu propia persona. Es mejor escoger a alguien cercano a tu propia vida.

El ejercicio funciona de verdad cuando se realizan las dos partes. El mundo no es solo un espejo, sino un espejo que enseña. Nos expone nuestra situación presente en su totalidad. Cuando Jesús hablaba de permanecer en Dios, aludía al propósito más elevado del mundo como espejo: mostrarnos que Dios está en todas las cosas, hasta el punto de que solo se le ve a él, a la divinidad extendiéndose en todas direcciones hacia la eternidad. Vivimos y permanecemos en esa realidad, y cuando comenzamos a comprender que el espejo existe, los reflejos que antes se limitaban a la vida cotidiana se expanden para abarcar el alma, que es nuestro ser auténtico. Pero incluso antes de observar esos destellos del alma, aprender a mirar el mundo como un espejo ayuda a sanar la separación, puesto que comprendemos que formamos parte de la creación, que no vivimos fuera de ella, en un exilio privado.

8. *No resistáis al mal.*

Aplicación de la enseñanza: El mal es la sombra personal y colectiva.

Uno de los efectos de la gracia divina, tal como la enseñó Jesús, consistía en enfrentarse al mal. Juzgar y castigar el mal es cosa del Señor. Jesús utiliza en ocasiones un vocabulario convencional para referirse a Satanás y la posesión demoníaca, pero si alguna de sus enseñanzas suena real es la de no resistirse al mal. Como vimos anteriormente, aprender a vencer al mal sin oponer resistencia conlleva un proceso. Jesús no llama a una conversión instantánea al pacifismo, ni nos pide que hagamos oídos sordos ante los devastadores efectos del mal cuando no se le presta atención.

Sus enseñanzas cambian a medida que recorremos las diversas fases del camino espiritual. La realidad, incluido el mal, varía en los diferentes estados de conciencia. No podemos fingir que amamos a nuestro enemigo, pero cuando nos acercamos a la conciencia de Dios, la compasión aflora de manera natural. Ayuda el recordar que el mal no es monolítico ni constante. Posee diversos matices y grados y, una vez examinados, el mal se descubre como nuestro propio ser oculto, nuestra sombra, que expresa externamente lo que no hemos resuelto en el interior.

Ejercicio: El mal, como todo lo demás, depende de la percepción. A medida que la percepción varía, también lo hace el mal. Es muy importante que esta variación se produzca, porque si te estancas en el odio o en el miedo frente al mal, escondes todavía más tu sombra. Por más que luches contra el mal, si no comprendes tu sombra, esta encontrará nuevas formas de recuperar lo que odias y temes.

Regodearte en tus rasgos negativos no sacará la sombra a la luz. Pero la confesión sí. Acude a alguien en quien confíes. Para muchas personas la única opción posible será un completo desconocido o tal vez un grupo de apoyo. Cuando lo consideres oportuno, expón algo por lo que te sientas avergonzado o culpable. No comiences por un delito o una transgresión grave. El objetivo no es confesarse ante Dios, sino relacionarnos con nuestra sombra de una manera nueva.

La sombra se define como la zona oculta del ser donde se esconden los sentimientos prohibidos. Estos sentimientos abarcan un amplio espectro, entre ellos: ira, venganza, celos, prejuicios, deseo sexual desenfrenado o furia criminal. El terreno es tan amplio que a mucha gente le cuesta comenzar. Todos queremos ser aceptados, y la sombra oculta en nuestro interior todo aquello que resulta inaceptable. La confesión en el sentido religioso del término no serviría para vaciar hasta el último rincón de sombra. La única manera de desarmar a la sombra pasa por relacionarse con ella de otro modo y cuando reveles un secreto a alguien, tu vida oculta empezará a cambiar.

El mal nunca es puro y rara vez es simple. Hunde sus raíces en un conjunto de factores diversos. En vez de recurrir a términos como malvado o pecaminoso, plantéate las siguientes preguntas:

¿Por qué oculto este mal pensamiento, impulso o acción?
¿De qué me avergüenzo?
¿En qué creo que me perjudicará que ese hecho salga a la luz?
¿Me afectan recuerdos de anteriores castigos?
¿Cuando escucho una voz interior que me juzga con severidad, qué persona del pasado es la que me está hablando en realidad?
¿De qué manera repercutirá en la imagen que tengo de mí mismo la exposición de ese hecho?
¿He estado funcionando en un sistema de creencias que considera a los seres humanos intrínsecamente pecaminosos?
¿Por qué decido vivir con la culpa en vez de sin ella?

Debes formularte estas preguntas cada vez que te adentres en la región de la sombra. No resultan agradables, pero fortalecen y acercan la verdad a la luz. Lo cierto es que el mal solo tiene poder sobre ti si tú se lo otorgas. Para volverse contra ti necesita que hayas tomado toda una serie de decisiones erróneas. Cuando te planteas las preguntas anteriores, deshaces el camino para corregir esas creencias y presunciones equivocadas.

A medida que vayas reevaluando tu propia historia desde otra perspectiva, podrás rehabilitar a la sombra. En gran medida, la sombra actúa como tu enemiga por reacción frente a la culpa y el miedo que sientes. La sombra no puede ser destruida, así que no lo intentes. La creación, como nosotros mismos, se compone de luz y oscuridad. Este hecho, el eterno juego entre el bien y el mal, era lo que Jesús quería que la gente comprendiese para que pudieran alcanzar un plano superior de la existencia. No nos pide que venzamos al mal. Enfrentarnos al mal solo sirve para proporcionarle más energía. Pero si dejas de luchar contra él y asumes su presencia, avanzas hacia la comprensión última, a saber, que el mal es una herida que se inflige en la separación y se cura en la unidad.

9. *En la casa de mi padre hay muchas mansiones.*

Aplicación de la enseñanza: La existencia es multidimensional. Por tanto, nuestra vida es multidimensional.

Con estas palabras Jesús intentó tranquilizar a sus discípulos, temerosos de perderle y preocupados por el futuro de sus almas. En ellas les prometía preparar un lugar en el cielo para ellos (en las traducciones más modernas se sustituye «mansiones» por «habitaciones» o «moradas»). No creo que Jesús quisiera decir algo tan simple como «en el cielo hay sitio de sobra». En realidad, se refiere a la omnipresencia de Dios o, podríamos decir, a las múltiples dimensiones que la conciencia divina invade.

La gente sigue preocupándose por si irá al cielo y por si

allí les aguarda o no un lugar preparado para ellos. En la senda espiritual, sin embargo, descubrimos que somos multidimensionales. La creencia de que nuestra vida está confinada al mundo material deriva de un enfoque perceptivo muy limitado, puesto que en realidad existimos simultáneamente en todos los planos. Si nos liberamos de las limitaciones de la percepción, experimentaremos la «infinidad de mansiones» a las que hace referencia Jesús sin necesidad de esperar a llegar al cielo. Todas las dimensiones se encuentran en una única conciencia y, en tanto que un aspecto de dicha conciencia, se nos permite participar en el nivel que elijamos.

Cada dimensión de conciencia contiene su propia realidad. El pensamiento, la imaginación, el deseo y el sueño son actividades de la conciencia, y aunque por lo general no consideramos el sueño un viaje hacia otra dimensión, no hay duda de que cabría definirlo como tal. Es más, si nos vemos transcendiendo lo físico, a menudo es eso exactamente lo que estamos haciendo. En otras culturas la gente utiliza los sueños para crear los acontecimientos del día siguiente. Aceptan con total naturalidad que las visiones pueden convertirse en realidad.

Ejercicio: Según la enseñanza de Jesús, los canales de comunicación entre las diferentes dimensiones estaban abiertos: la fe obraba milagros porque abrirse a Dios bastaba para crear una conexión viviente con su poder ilimitado. Puedes crear esa conexión volcándote en tu interior y actuando sutilmente por medio de la visualización. Siéntate con los ojos cerrados e imagina que caminas por una zona conocida, como un parque del vecindario. Contempla con el ojo de la mente cada detalle del entorno, huele el aire, inúndate de todo. No te fuerces a ver, basta con estar abierto a lo que te rodea.

A la gente que pone en práctica este ejercicio le sorprende que generalmente ve cosas inesperadas y nuevas. Encuentran un objeto perdido o descubren algo en lo que jamás se habían fijado. Es solo el primer paso. Visualizan acontecimientos a gran distancia o entran en habitaciones que jamás habían visitado. Lo que acaban comprendiendo es que este no es un ejercicio de la imaginación, sino un ejercicio de fundir el mundo material con el mundo imperceptible. De hecho, se trasladan a otro lugar sin necesidad de viajar físicamente.

Puedes llevar este ejercicio todo lo lejos que quieras. Yo he pedido a la gente que realice viajes guiados por el cielo y el infierno tal como los imaginan. Suelen regresar con experiencias intensas. Los seres humanos participan en la creación de todos los cielos e infiernos de todas las culturas del mundo al visualizar estas dimensiones y luego creer en sus propias creaciones. Ningún niño es más amado que el que es fruto de la mente. El amor, la creencia y el compromiso son herramientas creativas muy poderosas. Convierten la percepción en realidad. A los dioses y diosas de la antigüedad se les atribuían cualidades humanas. La diferencia entre el Dios vengativo del Antiguo Testamento y el Dios cariñoso del Nuevo Testamento radica en que la conciencia humana estaba preparada para un cambio de percepción.

Tu mundo interior está lleno de imágenes a las que ya has insuflado vida. Tú has creado las cosas que te dan miedo y siempre has tenido la opción de hacerlas desaparecer. La técnica para ello consiste en una variación del ejercicio básico. Siéntate con los ojos cerrados y observa lo que más temes. Nota el corazón acelerado, el pecho encogido o la respiración dificultosa: cualquier reacción que la ansiedad pueda producir. Cuando te calmes un poco, comienza a manipular las imágenes. Haz que crezcan y mengüen. Detenlas. Haz que el tiempo avance y retroceda. El miedo atenaza con fuerza, y para liberarte tienes que demostrarte que ejerces el control sobre tus imágenes mentales. Tú mismo te las metiste en la cabeza. Pensar que dichas imágenes controlan a su creador es ilusorio.

En resumidas cuentas, lo que hacemos no es más que reclamar la autoría sobre nuestra vida. La visualización no es solo un medio para prever algo bueno, aunque mucha gente la usa para eso. La visualización es una forma de conectar nuestro poder a nivel imperceptible con los acontecimientos externos que constantemente emergen de nuestro mundo interior. En última instancia, la fe que obra milagros es la fe en nuestra propia naturaleza divina.

10. *Debéis nacer de nuevo.*

Aplicación de la enseñanza: Para renovarnos, debemos dar muerte al pasado a diario.

Jesús hablaba de la muerte como preludio de la resurrección y también recordó la necesidad de renacer. Pablo resumió la conexión entre ambas ideas cuando dijo «morir hacia la muerte». La doctrina cristiana se ha centrado casi exclusivamente en la creencia de que la resurrección de Jesús fue la señal de que todas las almas resucitarán algún día. Pero cuando Jesús dice «Debéis nacer de nuevo», recalca la transformación en esta vida, no en un futuro incierto.

Nacer de nuevo significa renacer en espíritu. En mi caso, la mejor manera de imaginar semejante acontecimiento no consiste en aceptar a Jesús como señor y salvador, aunque los fundamentalistas lo exijan constantemente. El renacimiento espiritual no suele consistir en un acontecimiento aislado, una epifanía cegadora que nos cambia la vida. Algunas personas son capaces de organizar su vida espiritual en torno a un acontecimiento dramático, pero en la mayoría de los casos el renacimiento espiritual conlleva un proceso, muy similar al largo proceso que nos hace madurar psicológicamente. El proceso espiritual lleva a la transformación de manera gradual, paso a paso, pero el resultado final es espectacular. Desaparece el apego al ego y su fe en la separación, incluida la separación final de la muerte.

Ejercicio: Dado que el renacimiento es un proceso, debemos fomentarlo a diario. De hecho, es la única manera viable de moldear creativamente el sendero espiritual para que nos pertenezca. Ahora aceptas una serie de etiquetas que te definen, como tu nombre, edad, familia, profesión y estatus social. Sin embargo, desde la perspectiva de Jesús, ninguna de esas etiquetas es real; nos distraen del hecho de que en realidad somos un espíritu personificado en carne y hueso. Si quisiésemos, podríamos redefinirnos todos los días. A medida que el ser fijo deja paso a un ser dinámico y fluido, abierto a lo desconocido, la libertad comienza a surgir. En esa libertad trascendemos la muerte al descubrir que aglutinamos la vida y la muerte en un estado puro de la existencia.

Traduzcamos ahora todo esto a su aplicación práctica.

Anota las etiquetas más básicas con las que te identificas: nombre, edad, género, nivel de estudios y profesión. Una a una, piensa en cómo te definen. Por ejemplo: el nombre especifica la identidad de una persona con un entorno familiar determinado, te sitúa en el tiempo y el espacio, te aísla de los demás y pasa a formar parte de la imagen que tienes de ti mismo. Estás unido, en diferentes grados, a todos estos trazos de identidad. Piensa ahora si esas conexiones son reales. ¿Sientes la necesidad de cumplir con las tradiciones y expectativas de la familia? ¿Te importa que se reconozca tu nombre? A medida que te formulas este tipo de cuestiones básicas, empiezas a liberarte de los lazos que te impiden renacer.

Es el momento de dar los pasos necesarios para redefinirte. Si te reconoces pensado de cierta manera porque resulta adecuado a tu edad, nivel cultural, sexo o estatus social, pregúntate si existen otras maneras de pensar. Si te abres, te sorprenderá descubrir hasta qué extremo has sido definido por rígidas creencias y anticuados condicionamientos. Esas influencias externas no son tu verdadero yo y, hasta que no separes tu persona de esas viejas definiciones, no podrás afrontar lo desconocido. Todo lo nuevo que encuentras en la vida pasa un filtro, hasta que encaja con lo que te gusta o lo que te disgusta, con tu estatus social, nivel de ingresos o cultural, etc. La experiencia espiritual no está filtrada; surge de manera directa y espontánea. La mejor forma de prepararnos para encontrar el espíritu es aprender a estar dispuestos a redefinirnos cada día.

11. *Eres la luz del mundo.*

Aplicación de la enseñanza: El universo piensa y actúa a través de ti.

En un capítulo anterior tratamos este versículo en profundidad. Ahora analizaremos sus implicaciones personales. Uno de los significados de las palabras de Jesús es que el universo piensa y actúa a través de ti. No eres el resultado de las fuerzas físicas que gobiernan la creación, ni la inteligencia humana es un subproducto de última hora. Sino que una inteligencia universal se experimenta a sí misma de múltiples formas. Tú eres una forma de esa inteligencia pero también eres el todo. Así como una célula del cuerpo expresa la totalidad del cuerpo, tú expresas la totalidad de la creación en todo momento.

La percepción común no es capaz de ver el conjunto, y ese es el motivo de que Jesús hablara tan a menudo acerca de hacer ver a los ciegos. Pidió a sus seguidores que desarrollasen lo que se ha denominado «segunda atención», o visión divina, la habilidad de reconocernos como seres puros, ilimitados. Cuando Jesús prometió a sus seguidores que harían los mismos milagros que él había realizado o incluso otros de mayor envergadura, hablaba desde la segunda atención. No veía limitaciones en sí mismo, y tampoco las veía en los demás. Para ser la luz del mundo debemos comprender que el mundo es luz, es decir, conciencia pura manifestándose físicamente.

Ejercicio: Para desarrollar la segunda atención, debemos sintonizar con ella. La primera atención se centra en el mundo material; habita en la apariencia en lugar de en la esencia. La luz a la que alude Jesús es invisible al ojo humano pero visible al alma. Cuando pensamos, hablamos o hacemos algo, manipulamos la conciencia o, por decirlo de otro modo, utilizamos la materia de la conciencia para crear algo. Del mismo modo que el combustible de los aviones desaparece para que el avión vuele, la conciencia desaparece cuando se utiliza. Su potencial se convierte en una sensación, un pensamiento, un objeto o un acontecimiento. Mientras leías esta última frase, has transformado la conciencia sin ser consciente de que fluía por ti.

Jesús nos pide que veamos a través de esa desaparición. Gracias a la segunda atención nos percibimos como conciencia, no como uno de sus productos o creaciones. Existen diversas formas de conseguirlo:

Meditando para alcanzar el silencio interior.
Sintiendo la pureza de la naturaleza.
Repentinos destellos de inocencia.
Un impulso amoroso.
Una conexión intuitiva con tu pensamiento.
Sintiendo una guía interior, una fuente de sabiduría.
La sensación de que formas parte de un plan de vida superior.

Piensa si has experimentado alguna de estas sensaciones; empieza a sentirlas y mantente alerta a esos momentos en que intuyes que tras el velo de las apariencias se esconde algo más. Pese a que todos vivimos según la primera atención y, por tanto, perdidos en la incesante actividad, también estamos preparados para percibir el mundo a través de la segunda atención.

Cuando sientas un destello de amor, inocencia, inspiración, sobrecogimiento, asombro o dicha, recuerda: Este es mi yo auténtico. No permitas que esos momentos pasen sin más. Párate a disfrutarlos y pide recibir más en el futuro. De este modo inicias un bucle de retroalimentación entre la primera y la segunda atención. Seguirás viendo el mundo físico como tal, pero su importancia variará. Comenzarás a ver a la conciencia en funcionamiento, al Ser en movimiento. Así empiezan a confluir los reinos del cambio y del no cambio, y la luz comienza a entrar en el mundo, hasta que al final se percibe el mundo como luz y nada más. Jesús experimentó su existencia de ese modo y prometió a sus seguidores que algún día también a ellos les ocurriría lo mismo.

12. *Así que no os preocupéis por el mañana.*

Aplicación de la enseñanza: Confía en la fuerza organizativa del universo.

Jesús dijo de forma explícita a sus seguidores que no se ganasen la vida, ni ahorrasen dinero, ni hiciesen planes por adelantado ni se preocupasen por el futuro. La frase aquí citada pertenece a esa enseñanza, pero el resto del Sermón de la Montaña insiste en la misma idea una y otra vez. Aunque fue uno de sus mandamientos más radicales, también es el que menos se ha respetado. Como todo el mundo, los cristianos se preocupan, planean, se ganan la vida y acaparan dinero y posesiones.

Esta enseñanza no es viable en la conciencia común, pero si la aplicamos en el camino espiritual, pidiendo un cambio que trascienda lo ordinario, emerge algo nuevo. El universo aleatorio y sin sentido se transforma en un refugio seguro, un hogar para todas las personas, repleto de las necesidades de la vida. Jesús llama a este refugio seguro Providencia porque su propósito es proveer. Aprender a confiar en la Providencia implica un proceso. Las antiguas formas de dependencia a las que estamos acostumbrados ceden gradualmente. Aunque Jesús dice a sus discípulos que se despojen de dinero y posesiones, creo que en este caso debemos pensar que existía una relación especial. Los discípulos tenían un maestro iluminado que los guiaba hacia unos cambios tan radicales que ninguno de nosotros podría afrontarlas. Sin embargo, debemos comprender el significado subyacente de la enseñanza: Dios es de fiar. Nuestro ego no necesita asumir la función de la Providencia; existen otras formas de obtener la abundancia en la vida.

Ejercicio: Si tomamos a Jesús literalmente, la manera más directa de evitar preocuparse por el porvenir sería vivir el presente. Solo el presente es real. Contiene al mismo tiempo la plenitud del mundo y del espíritu. Pero el presente es esquivo. Todos vivimos recordando el pasado y anticipando el futuro. Por consiguiente, lo real y lo irreal están inexorablemente unidos. Hasta tal punto es así, que el presente debe ser recuperado poco a poco; resulta imposible tratar de abarcarlo de golpe.

Si examinamos sus cualidades una a una, el momento presente está compuesto por las siguientes:

Vigilancia: Estar despierto.
Apertura: O vivir libre de expectaciones.
Frescura: No dejarse eclipsar por el pasado.
Inocencia: No juzgar a partir de antiguas experiencias.

Espontaneidad: Permitir que los nuevos impulsos surjan sin crítica o censura.
Valentía: Ausencia de traumas del pasado.
Reabastecimiento: Capacidad para renovarse desde el interior.

Todas estas cualidades existen en nuestro interior; los niños las exhiben continuamente. Por tanto, nuestro objetivo no consiste en aprender a ser espontáneo, inocente, valiente y todo los demás, sino en redescubrir todas esas cualidades. Ahora el momento presente te parece pleno, pero lo está de un modo irreal. Está lleno de recuerdos, expectativas, creencias proyectadas y condicionamientos pasados. El momento presente podría estar lleno de una manera diferente, mucho más real, gracias a las cualidades que acabamos de enumerar.

Debes aceptar el desafío de pasar de lo irreal a lo real. Elige cualquiera de las cualidades de la lista y piensa hasta qué punto te apoyas en la contraria.

Apagado en vez de alerta.
Cerrado en vez de abierto.
Viciado en vez de fresco.
Resabiado en vez de inocente.
Rutinario o previsor en vez de espontáneo.
Preocupado en vez de valiente.
Vacías en vez de rellenar.

Las actitudes o cualidades opuestas proceden de la parte de ti que cree que ya conoce la vida. El ego se apoya en lo conocido. Se muestra reacio a experimentar lo desconocido, que es la esencia misma de la vida. No se puede saber cómo ser espontáneo o cómo ser inocente. Por definición, un impulso espontáneo resulta impredecible. No se puede realizar el viaje espiritual con un pie en cada barco. De nada sirve intentar llegar a un compromiso entre la rutina y la espontaneidad, la ansiedad y el valor, o cualquier otra pareja de conceptos opuestos.

La única manera de recuperar el presente consiste en borrar el pasado, todo aquello que resulta rutinario, apagado, calculado, ansioso y traumático. Por ejemplo, la inocencia no se puede fabricar, pero al eliminar a su contrario dejamos espacio para que la inocencia se exprese de nuevo. Cuando te encuentres con alguien a quien crees conocer bien, cuyo comportamiento resulta predecible, no reacciones de inmediato. Deja espacio para algo nuevo en tu percepción de esa persona. Hazle un nuevo tipo de pregunta, dale la razón en lo que normalmente discreparías, no juzgues y observa el resultado. El mismo proceso puede aplicarse a cualquier otra cualidad del momento presente. Debemos distanciarnos de las antiguas expectativas y así surgirá lo inesperado.

13. Permaneced en mí, y yo en vosotros.

Aplicación de la enseñanza: Seremos libres cuando dejemos de concebirnos como seres aislados.

Jesús a menudo realiza afirmaciones que nos inspiran porque solo el Mesías podría decirlas. Cuando dice «El Padre y yo somos uno» o «Permaneced en mí, y yo en vosotros», no nos aplicamos esas palabras a nosotros mismos. Pero deberíamos hacerlo. La conciencia es un fenómeno compartido. Nadie queda aislado, y cuando Jesús habla al nivel del espíritu, habla por todos los seres humanos. En el camino espiritual nos volvemos menos aislados en tanto que individuos y más universales en tanto que expresión de conciencia. Ese cambio se produce porque en realidad todo ocurre en la conciencia.

Soy consciente de lo convincente que resulta verse a uno mismo como una persona única entre los demás. ¿Cómo es posible que los demás existan en nosotros y nosotros en ellos? Pongamos un ejemplo sencillo. Cuando recuerdo la cara de mi madre, existe en mi conciencia, evocada en la mente. Pero lo mismo ocurría cuando mi madre vivía y la veía en persona. Los fotones de luz que alcanzaban mis retinas y que mi cerebro registraba como imagen de su cara llegaban con retraso. Mi cerebro tardaba apenas unos milisegundos en registrar que aquella persona era mi madre, pero cuando lo conseguía, ella ya era un recuerdo. La imagen surgía en mi cerebro tras el hecho, de manera similar a la luz de una estrella. Por tanto, incluso en vida mi madre existía como un conjunto de recuerdos de mi conciencia. El único sitio donde la puedo encontrar es en mí. Y lo que vale para la vista, vale para el resto de los sentidos. Si mi madre me tocaba la mano, yo registraba el contacto mediante la actividad cerebral después del hecho en sí.

Jesús fue todavía más lejos. Enseñó que la vertiente espiritual de una persona también existe en la conciencia. Pero, al contrario que la visión, el espíritu de mi madre proviene de una fuente compartida: todos somos parte de Dios, el alma, el Espíritu Santo. Cuando Jesús dijo: «Estoy en vosotros», se refería a su esencia. En el estado de separación no somos conscientes de la esencia; el nivel del alma de nuestra existencia nos parece muy lejano. Pero a medida que recorremos el camino espiritual, comienzan a desarrollarse cualidades como la empatía o la compasión. Al ponernos en la situación de otra persona, al compartir y establecer vínculos con ella, comenzamos a permanecer, literalmente, en otra persona. La conciencia de Dios lleva esta transformación hasta el final. Estamos en todos los demás, y todos los demás están en nosotros. En lugar de percibir a un ser humano como una persona individual, lo vemos como esencia o Ser puro.

Ejercicio: A nivel cuántico todos entramos y salimos de la existencia infinitas veces por minuto. Por tanto, todo lo que vemos está en constante estado de cambio. Nuestro cerebro crea la ilusión de la constancia, pero en realidad la persona o cosa que creemos que se encuentra ante nosotros es un fantasma de lo que fue ante nosotros hace una millonésima de segundo. ¿De qué modo afecta esto al crecimiento espiritual? En la ilusión de una realidad continua existen de hecho muchos vacíos. Nos vamos en la misma medida que nos quedamos. Cuando te marchas, dejando la existencia durante un milisegundo, no está anclado a la realidad física. Viaja a la dimensión cuántica y más allá, ya que nadie sabe exactamente adónde se dirige el universo cuando se activa y se desactiva. Pero sí sabemos algunas cosas, por ejemplo:

Lo físico es una apariencia creada por la mente.
En su esencia la realidad es invisible e intangible.

Los acontecimientos son ambiguos.
La única constante es el cambio.
La incertidumbre radical ocurre constantemente.

El ejercicio consiste en aplicar estas verdades a uno mismo. En lugar de esforzarte para que la vida sea estable, inmutable, clara y segura, acepta que eres producto de una creación ambigua e incierta. No es un defecto. Fluir y cambiar constantemente es la gloria del proceso creativo. Cuanto más lo aceptes, más fácil te resultará aceptar tu propia transformación.

Recuérdate lo siguiente:
No estoy fijo en el tiempo.
No estoy fijo en el espacio.
La persona que creo ser es en realidad un recuerdo persistente.
El yo real se encuentra más allá de los cinco sentidos.
Participo del cambio que experimenta el cosmos a cada instante.
Todo el universo se ha confabulado para que este momento ocurra.

En psicología existe una rama de tratamiento conocida como terapia cognitiva. Sostiene que la herramienta más poderosa que tenemos para cambiar reside a nivel de las creencias y las presunciones. O sea, sufrimos porque tenemos ideas erróneas acerca de nosotros mismos («No merezco ser feliz», «Nada me sale bien»), y al aferrarnos a tales errores, bloqueamos la realidad. La terapia consiste en reemplazar esas ideas erróneas por otras más realistas (por ejemplo: «Merezco ser feliz», «Todo tiene solución»). Lo mismo vale para las cuestiones espirituales. Si sustituimos las ideas erróneas por las correctas, la realidad reemplazará a la ilusión.

Esta idea es todavía más potente si tenemos en cuenta que la mente crea tanto la realidad como la ilusión. Debemos decidir por cuál de las dos apostamos. Una vez hayamos aceptado que fluimos constantemente, seremos capaces de percibir la base inamovible de la existencia, el Ser eterno, el escenario donde tiene lugar el cambio eterno.

14. *Pues allí donde dos o tres se hayan reunido en mi nombre, estaré entre ellos.*

Aplicación de la enseñanza: El crecimiento espiritual aumenta cuando la gente se reúne.

En todas las tradiciones la gente se reúne para la adoración. En la India esas reuniones se llaman *Satsang*, término que hace referencia a la verdad que se refuerza porque es compartida. En la tradición cristiana la palabra «comunión» acarrea el mismo peso. Jesús habla por el espíritu o por Dios cuando dice que estará presente allí donde otros se reúnan en su nombre. Tomar sus palabras literalmente significa no captar la idea, a saber: cualquier grupo que se reúne en nombre del espíritu es efectivo, incluso cuando no se evoca el nombre de Jesús.

Pero ¿qué significa decir que su espíritu está presente o que se refuerza en grupo? En las dinámicas de grupo se sabe que las creencias cobran fuerza cuando la gente se reúne. Se desalientan y suprimen las discrepancias. Crece la presión por mostrar conformidad. Tendemos a considerar este fenómeno una amenaza debido a recuerdos de movimientos políticos y religiosos extremos, pero a un nivel más profundo, lo que tú y yo aceptamos como realidad se basa siempre en un acuerdo común. La realidad no es fija; no nos viene dada. Las creencias y las percepciones compartidas forman la materia prima de la que se compone la realidad.

Por tanto, cuando las personas se reúnen para crecer espiritualmente, llegan a un acuerdo, ya sea verbal o silencioso, para convertirse en cocreadores. Para que eso se cumpla, la actividad tiene lugar a varios niveles:

Se expresan y aceptan nuevas creencias.
La mente acepta y rechaza ciertos factores.
Surge una sensación de responsabilidad compartida.
Se inventa y se adopta un nuevo vocabulario.
Se confraterniza a nivel emocional.
Imperceptiblemente, los espíritus se alinean.

Toda esta actividad no es propia solo de los movimientos espirituales, aunque es fácil reconocerla en el cristianismo primitivo. En la Iglesia primitiva todo giraba en torno a dos creencias fundamentales: Jesús es el Mesías y regresó de entre los muertos. Ambas creencias formaron la base de la comunión. Una vez establecida dicha base, los cocreadores erigieron el inmenso edificio que llamamos mundo cristiano.

Hoy poseemos la misma capacidad para ser cocreadores. Basta con una creencia fundamental: la conciencia de Dios es alcanzable. Una vez establecida esta creencia base, un grupo reunido con la intención de alcanzar la conciencia podrá comenzar a construir una nueva realidad. Con el tiempo quizá llegue a ser inmensa como el mundo cristiano. No obstante, eso es impredecible. Aunque, como mínimo, el poder espiritual requerido para alcanzar la conciencia divina crecerá exponencialmente.

Ejercicio: Busca a otras personas que compartan el objetivo de alcanzar la conciencia de Dios y reúnanse. Sé que suena desalentador; esta tarea va mucho más allá de lo que se considera un ejercicio. Entrar en comunión con otros exige compromiso y la voluntad de exponer las aspiraciones más íntimas. Requiere salirse de la conformidad de la sociedad y encontrar almas con las que alinearse aunque no se compartan lazos sociales. Muchas de las personas que buscan el camino deciden no enfrentarse a semejante reto. Tratan de seguir el camino por su cuenta, desconfían de los movimientos religiosos y no se atreven a manifestar su vulnerabilidad en público.

Creo que gran parte de esta renuencia puede superarse si se descarta el modelo religioso. Reunirse en el camino no es lo mismo que formar una secta. No se precisan dogmas, oraciones, rituales, sacerdotes ni escrituras oficiales. Nadie está por encima de los demás. Si para ti la palabra «espiritual» posee estas connotaciones negativas, es que confundes las doctrinas religiosas con el crecimiento espiritual. No son lo mismo, y no se puede negar que todos necesitamos reunirnos por cuestiones espirituales.

Mi instinto me dicta que siga el modelo de *Satsang*, que es una simple reunión con el propósito de hablar sobre la verdad. La Iglesia acepta a la gente siempre que acepten una serie de reglas y creencias. Por el contrario, cualquiera que ame el espíritu puede asistir a un *Satsang*; no hay obligaciones porque no hay una organización oficial con una serie de objetivos pautados. El *Satsang* se puede celebrar incluso en silencio o combinando un período de meditación con uno de charla. Mi formato preferido es aquel en que una persona habla, otra comenta y luego se inicia la charla de grupo. No hay debates ni refutaciones, no hay sermones ni proselitismo. El propósito consiste en permitir que el espíritu se expanda, y esa es la única utilidad de las palabras.

Si este sistema te atrae, es fácil llevarlo a la práctica. Encuentra a una persona con la que puedas quedar para compartir experiencias espirituales. Observen si sus perspectivas encajan. Si es así, deja que el *Satsang* se desarrolle solo. Incluyan a un nuevo miembro si lo consideran oportuno. Los grupos crecen mejor cuando lo hacen espontáneamente. Si prefieres sumarte a un grupo ya formado, estate alerta. Si oyes prejuicios compartidos, creencias establecidas, un vocabulario específico de los que están al mando o cualquier forma de proselitismo, deja el grupo. Los grupos organizados presentan riesgos, pero ello no quita que sea crucial compartir la verdad. Por definición, el objetivo de la conciencia de Dios es la inclusión total.

15. ¿De qué sirve a un hombre tener el mundo entero si pierde su alma?

Aplicación de la enseñanza: Ten siempre presente la visión espiritual.

El esquema del mundo no ha cambiado desde la época de Jesús. Por un lado están las exigencias del mundo material: dinero, estatus, familia, carrera y demás. Y por otro lado, las demandas de la vida espiritual. Jesús separó claramente unas de otras. Condenó el dinero y las posesiones, y llegó a considerar que la familia y el trabajo eran incompatibles con la senda espiritual. La Iglesia siguió sus pasos. Pese a que muy pocos cristianos eran capaces de abandonar literalmente todo vínculo material para seguir a Cristo, aquellos que lo conseguían encarnaban el ideal. Por tanto, los que no lo conseguían, sentían que no daban la talla.

Dudo que Jesús buscase tanta exclusividad. Dijo explícitamente que había venido para socorrer a los caídos, los díscolos, las ovejas descarriadas y los hijos pródigos. Todos estaban incluidos en su visión de una humanidad redimida. De ello deducimos que lo importante es sumarse a su visión, tanto si tienes mucho como si tienes poco en términos materiales. Jesús utiliza constantemente el lenguaje de los comerciantes para describir el crecimiento espiritual (beneficios y pérdidas, atesorar riquezas, almacenar para el invierno). En mi opinión es un modo de admitir que sus oyentes estaban firmemente enraizados en el mundo material y por tanto tenía que convencerlos de que aceptasen un mundo nuevo recurriendo al lenguaje y el sistema de valores que conocían.

Hoy día la situación sigue siendo la misma para todos, sin excepciones. Nuestro apego a los logros materiales anula nuestra capacidad para entrar en un mundo nuevo. La solución radica en tener una visión y tenerla siempre presente. El mundo nos presiona constantemente para que nos amoldemos a sus valores. El espíritu no presiona. Y eso no es un defecto. Por naturaleza el crecimiento es gradual, invisible y natural. Pero al contrario que un niño, que no debe recordarse a sí mismo cómo crecer, una persona que ha tomado la senda espiritual debe reforzar continuamente estos nuevos valores y creencias. A lo largo del camino, te caes y te levantas una y otra vez, aunque me cuesta utilizar aquí el verbo «caer» porque en realidad se trata más bien de distracciones o descuido. La visión es el remedio contra la mala memoria.

Ejercicio: Este último ejercicio tiene un final abierto. Siéntate y reflexiona acerca de tu visión aplicada a este preciso instante. Piensa en lo que quieres lograr espiritualmente durante los próximos meses o el año siguiente. Anota lo más importante. Por ejemplo, podrías incluir:

Ver a Dios en los demás.
Encontrar un sentido de comunión con la familia.
Sentir más compasión.
Expresar amor con mayor libertad.

No sobrecargues la lista. Es mejor que escojas unas pocas cosas entre las más destacadas en tu vida interior actual. Si, por ejemplo, estás trabajando la ira, eso es más importante que algo más lejano y abstracto, como ver a Dios en los demás. Del mismo modo, no conviertas el ejercicio en una serie de tareas espirituales. Incluye algunas cosas buenas que ya estén empezando a florecer en tu vida.

Cuando la lista te convenza (no tiene que ser demasiado larga), guárdala un par de días. Después recupérala para comprobar si, sinceramente y de corazón, todavía te parece que has apuntado los objetivos más importantes para ti en este momento. Llévala contigo en la cartera o guárdala en un cajón que utilices a diario. Vuelve a ella con frecuencia. El objetivo no es elaborar un programa, sino recordarte que debes permanecer en sintonía. Cuando la vida cotidiana te agobie, consulta la lista. Piensa que eres una creación espiritual en desarrollo. Estás en el mundo pero no eres del mundo. Estás utilizando la vida material con un propósito más profundo que no es material. De este modo evitarás la idea de que caes fuera del camino y vuelves a retomarlo. La verdad resulta más alentadora. Vivimos vidas paralelas que a veces convergen y a veces divergen. Mientras tengas presente tu visión, irán convergiendo hasta que llegue el día en que esas líneas paralelas se encuentren y se convierta en una. Entonces encarnarás esa visión y el mundo a tu alrededor reflejará la unidad entre cuerpo, mente y espíritu.

CÓMO SE ABRE EL CAMINO

Si quisiéramos trazar el viaje espiritual hacia la conciencia de Dios, obtendríamos resultados diferentes para cada persona. No hay nada más íntimo y personal que nuestra propia conciencia; cada uno se relaciona con Dios a su manera. Pero podemos describir unos trazos generales.

El comienzo Nuestra primera impresión es que hay un abismo sobrecogedor entre nosotros y Dios. A este lado del abismo se encuentran el error, la mentira y la confusión, el conflicto interno y el sufrimiento. Al otro lado está la promesa de que todo se soluciona.

Jesús concibe la vida como una lucha entre el bien y el mal, una manera dramática de representar el abismo espiritual. La batalla se recrudece en el interior donde los demonios y las bondades de cada uno se enfrentan.

Tanto si aceptamos o no esta lucha como nuestra, la dualidad de la oscuridad y de la luz dará forma a nuestra experiencia al comenzar el camino. Todo el mundo, en el camino o fuera de él, anhela el fin del sufrimiento; no obstante, albergamos la desesperada sensación de que Dios nos ha olvidado y nos ha dejado a merced de un universo aleatorio.

Los atisbos ocasionales de una realidad superior alimentan dicho anhelo. Las experiencias profundas de relevancia pueden ser de muy diversa índole, pero se agrupan en unas pocas categorías: el pensamiento, el sentimiento, la actuación, el verbo y la existencia.

En un momento dado una persona puede experimentar a Dios en alguno de estos niveles, aparentemente al azar. Momentáneamente la distancia entre ilusión y realidad se estrecha. El origen del pensamiento, los sentimientos, los actos y las palabras es la conciencia, el nivel base de la existencia. El quinto nivel, el ser, es la conciencia por sí misma, sin actividad mental. A continuación detallo algunas listas que te ayudarán a reconocer qué ocurre a medida que tu percepción cambia en cada nivel. Algunos cambios tal vez te parezcan pequeños y no relacionados con Dios, pero la conciencia superior se alcanza dando muchos pasos pequeños hasta que todo el campo perceptivo ha sido modificado.

Atisbos de realidad

Pensamiento:

Se sustituyen pensamientos negativos por pensamientos positivos.

La mente se calma.

El pensamiento pasa a ser claro y simple, los nubarrones se alejan.
La duda deja paso a la certeza.
Los pensamientos obsesivos y compulsivos pierden fuerza.
La memoria no te atormenta con arrepentimientos.
Fantaseas menos sobre el futuro.
Las soluciones a los problemas aparecen más fácilmente.

Sentimiento:
Te sientes más positivo y seguro de ti mismo.
Te sientes seguro en el mundo.
Tienes la sensación de pertenencia; ya no estás solo y aislado.
Estás relajado, con menor tendencia a un estado de alerta permanente.
Eres capaz de confiar.
Sientes una presencia mayor que la tuya, y la sabes cercana.
Te sientes más ligero, menos cargado.

Actuación:
La actividad resulta menos caótica.
Dejas de sentirte dirigido. No te sientes presionado por exigencias externas.
Lo que deseas lograr llega de manera más natural.
Dejas de esforzarte.
Actúas con más calma, con menos tendencia a la ansiedad o la excitabilidad.
Interactúas con los demás de manera más relajada.
Dejas de actuar movido por el miedo, la duda o la ira.

Te aproximas a los demás con afecto en vez de sintiéndote alejado de ellos.
Actúas de manera menos agresiva. La vida deja de ser una competición que enfrenta a «yo, mí, mío» contra «ellos».

Verbalización:
Comienzas a comunicar lo que albergas en el corazón.
Hablas desde un centro.
Se escucha, se valora y se respeta lo que dices.
Eres más capaz de expresar amor.
Tus palabras resultan menos defensivas; no las usas a modo de barrera protectora de tu ser interior.
Disfrutas al expresarte de forma positiva.
Abandonas la costumbre de quejarte y de criticar.
Eres capaz de hablar con amabilidad y eres cortés de corazón.

Existencia:
Sientes próxima tu auténtica naturaleza.
Existes en paz con los demás.
Mejoras el ambiente que te rodea.
Disfrutas tu existencia.
Vislumbras destellos del Ser puro, o Dios.
Basta con «Yo soy».
Experimentas momentos de sagrada comunión.

El momento decisivo En el estado del alma atrapada en la dualidad comienza a brillar algo de luz. En el momento decisivo, un acontecimiento crítico sacude al alma. La vida cotidiana se interrumpe, por una crisis, por una súbita epifanía, o por ambos motivos, lo que se conoce como «la noche oscura del alma». Para los cristianos es el momento en que el pecador ve la luz, pero la misma imaginería se repite en todas las tradiciones espirituales: los ciegos recuperan la vista; la voz de Dios habla; una presencia sagrada desciende; un gran peso se alza; en medio del peligro llega el rescate; un mundo sin amor comienza de pronto a irradiar amor. No importa cuántos de estos elementos estén presentes (a algunas personas lo que las convence de la existencia de una realidad superior no es una experiencia personal, sino una fuente externa de inspiración como un escrito o un maestro). Llegado ese momento, ocurre algo profundo. Es como renacer, no solo porque el antiguo ser desaparece, sino porque el mundo varía como un calidoscopio. Los ojos perciben colores más brillantes y se tiene la sensación de que una luz oculta intenta traspasar la delgada membrana del mundo. Los sonidos se dulcifican; parece que la naturaleza cante. Las sensaciones ordinarias adquieren una textura deliciosa, como de terciopelo o líquido templado, que envuelve el cuerpo entero.

Desde fuera esta experiencia puede despertar dudas, parecer una alucinación. Pero Jesús no niega que ese sea el caso; se limita a atribuirle un valor diferente. La salvación es un atisbo de realidad; la percepción comienza a detectar la ilusión.

El período subsiguiente El asombro que despierta la experiencia de ese momento decisivo desaparece inevitablemente.

Descender de nuevo a la existencia mundana se parece mucho a desenamorarse. Las percepciones acentuadas recuperan su estado anterior, que ahora se nos antoja apagado. La presencia de Dios se retira; su voz se silencia. El amor se aleja del mundo y lo deja como estaba. Hemos llegado al período que sucede a una epifanía.

Algunas personas que han experimentado el momento decisivo reaccionan con un anhelo profundo de volver a la epifanía. Si, por mucho que lo deseen, recen o rueguen, no logran recuperar la epifanía, el período subsiguiente puede resultar lóbrego o incluso desesperado. Hay que contrarrestar la sensación de que Dios nos ha abandonado, pero ¿cómo?

Ruega por la presencia de Dios.
Ten fe en que no has sido olvidado.
Lee las Escrituras para encontrar una nueva forma de vida.
Imita el modelo de Jesús.
Reúnete con otros que se encuentren en la misma situación.
Renuncia a tu vida anterior y a los asuntos del mundo.
Ríndete y adora.

Creo que la iglesia primitiva nació en el período posterior al éxtasis, y su actividad adoptó estas mismas formas. Así como nosotros ansiamos el retorno de un momento único en que la dicha inundaba nuestro mundo, los discípulos de Jesús ansiaban el regreso de su maestro. No podían recuperarlo literalmente (aunque algunos así lo creían, de ahí la idea de la Segunda Venida y de la resurrección de los muertos para encontrar a Cristo), pero podían recrear la vida que habían compartido con él. De este modo se cerró una herida y se abrió un camino. Cuando la presencia divina desaparece, solo queda el vacío. Puedes lamentar la pérdida y continuar sintiéndote despojado. Resulta tan tentador como regodearse en nostálgicos recuerdos. La alternativa consiste en buscar el modo de recrear la bendición perdida. Sin embargo, la actitud más poderosa que podemos adoptar es tratar de llenar el vacío directamente: volcarse hacia el interior para hallar paz y tranquilidad; seguir el rastro de pistas espirituales; prestar atención a las indicaciones de nuestra alma; buscar nuestra esencia; encontrar la presencia de Dios; sortear obstáculos y resistencias interiores y cambiar la relación que mantenemos con nuestra alma. Creo que nada de todo esto es incompatible con la vida cristiana. Ese período de vacío es difícil, y algunas personas no logran afrontarlo solas; se sienten atraídas por la seguridad y la comodidad de la religión organizada. Quizá la perspectiva de un camino interior se les antoja demasiado mística o abstracta. Así que para evitar optar por la solución más simple, a continuación exploraremos nuevas respuestas para sortear las dificultades.

Dirigirse hacia el interior. Me sorprende la cantidad de gente que no escoge esta opción como la primera para sortear el vacío. Han vislumbrado destellos de una conciencia más elevada, pero traducen dicha experiencia en actividad externa, en ocasiones frenética. Si analizamos atentamente este fenómeno, las razones son obvias. Las epifanías son aperturas; muchas personas las experimentan de manera negativa. Sienten una agitación interior y desean eliminarla.

La agitación es, de hecho, un signo positivo, síntoma de que algo se cuece a nivel espiritual. Al volcarnos hacia el interior alumbramos todo aquello que no queremos ver. Airear la mente inconsciente ni sosiega ni tranquiliza. Afortunadamente, no tiene por qué ser así. Existen mecanismos naturales para crear orden a partir del caos. Entre otras cosas, el alma es depósito de un permanente estado de paz y orden, cualidades que potencian cuando retiramos los obstáculos del alma. La luz no tiene por qué crearse a partir de la oscuridad, basta con permitirle brillar.

Seguir el rastro de las pistas espirituales. Los momentos decisivos constituyen grandes adelantos y desencadenan un proceso de transformación. El alma o yo superior deja pistas en cada tramo del camino. Estas pistas adoptan múltiples formas, pero la manera más fiable de reconocerlas es por contraste con la vida que vivíamos antes. Se producen destellos de éxtasis que pueden durar solo un instante o incluso todo un día. El miedo y la ansiedad se disipan. Estamos seguros de encontrarnos a salvo. Los acontecimientos siguen pautas en lugar de resultar aleatorios. El amor parece una presencia con fuerza en el mundo. Todo esto son pistas de la realidad del alma.

Prestar atención a las indicaciones del alma. Las pruebas diseminadas no bastarán para mantenernos en el camino. Un camino implica una secuencia de acontecimientos. En este caso, dado que la conciencia de Dios es un estado interior, los acontecimientos a lo largo del camino también son interiores. Experimentamos de primera mano que el ego y la personalidad no tienen por qué dominar nuestra vida. Las cosas que representan —y que tenazmente se niegan a dejar marchar— ceden paso a una visión más elevada. Como modelo de conciencia de Dios, Jesús mostró amor, compasión, paz, humildad y un conocimiento íntimo de la verdad espiritual.

Rasgos todos muy alejados de la actividad del ego y la personalidad, que se concentra en logros personales como el dinero, las posesiones, el estatus social y toda clase de miedo e ira.

El ego se juega tanto en sus intereses, sustentados por años de condicionamiento y propaganda interna, que quizá solo oigamos su voz advirtiéndonos del desastre que supondría intentar ser espirituales. Nos volveremos vulnerables en todos los frentes, daremos carta blanca al miedo, la agresividad, los enemigos externos y la irracionalidad. En cierto sentido, la advertencia no anda desencaminada, pero solo desde el punto de vista del ego. La conciencia superior parece implicar el fin de la conciencia inferior, por lo que resulta lógico que el orden establecido luche ferozmente contra su propia extinción.

Pero el punto de vista del alma es distinto. El alma sabe que es real, pero también que no tiene intención de aniquilar al ego y a la personalidad. La transformación no es una guerra y el alma nunca recurre a la violencia psicológica. Al fin y al cabo, no se precisa violencia para que un niño de tres años cumpla los cuatro, con todos los cambios que ello implica. La conciencia de Dios exige un mayor cambio interno, pero procede igual de espontáneamente que un niño que aprende a leer. El abismo entre el alfabetismo y el analfabetismo es grande; son estados que no tienen nada en común, por lo que no podemos pasar de uno al otro por la fuerza. Confiamos en el proceso de desarrollo, y lo mismo se aplica al crecimiento espiritual. Cuanto más espontáneo sea, más genuino resultará.

Buscar tu propia esencia. Durante el desarrollo en la niñez, da la sensación de que no ocurre nada. Si grabamos en vídeo un día cualquiera en la vida de un niño de tres años de edad, no observaremos momentos aislados de epifanía ni despertares espirituales en que el niño diga: «¡Ajá! Acabo de vislumbrar cómo será mi vida cuando tenga cuatro años».

Sin embargo, las apariencias engañan, porque los cambios invisibles ocurren bajo la superficie, y cuando salen a la luz, el niño es consciente de que ha ocurrido algo. Los antiguos intereses desaparecen y surgen otros nuevos. Emerge una mayor confianza en uno mismo y un sentido más formado del yo. ¿Cuál sería el equivalente en términos espirituales?

El alma es la forma más elevada del yo. No se desarrolla biológicamente como el cerebro y el comportamiento del niño. Pero en otros sentidos existen similitudes innegables: el alma funciona bajo la superficie y cuando su trabajo da frutos, la conciencia cambia. Sería erróneo afirmar que los niños son marionetas de la biología. Deben participar en su propio desarrollo; interesarse activamente por la exploración del mundo y descubrir su potencial personal. Cuando esto no ocurre, cuando el niño se muestra inerte y pasivo, se diagnostica que es autista. Lo mismo cabe decir de la espiritualidad. El buscador debe tomar parte activa en el desarrollo del alma o no habrá resultado.

Esa es la razón por la que soy reacio a utilizar la palabra «buscador», ya que niega la espontaneidad del crecimiento interno y apunta que el objetivo se encuentra fuera del ser. «Buscador» suena a cazador en un safari tratando de capturar el alma. El sendero espiritual no es así. El objetivo se encuentra en el interior y siempre está presente. Resulta más apropiado decir que lo que uno intenta es desvelar la auténtica esencia del ser. Todos hemos amado en algún momento, hemos sentido compasión y hemos actuado desinteresadamente. Esta es la forma en que el modelo de Jesús sintoniza con las experiencias personales. Conocemos la diferencia entre estar despierto o estar dormido, al menos vagamente, y estar despierto sienta mejor. Resulta en una vida mejor.

Pese a todos estos atisbos de una existencia superior, lo que nos falta es continuidad. Los episodios aparecen y desaparecen y no nos llevan al cambio definitivo. La rana y el príncipe habitan el mismo cuerpo. La única manera de encontrar coherencia es perseguir la propia esencia. Debes tener presente que tu yo real es amor, es verdad, es Dios. Aunque fueses capaz de llevar a cabo la hercúlea tarea que supone imitar a Jesús en cada momento de tu vida, si no hallas tu esencia el resultado final será irreal. Afortunadamente, no es preciso imitar a Jesús. Al retirar los obstáculos y resistencias que esconden a tu esencia, te revelas a ti mismo. La esencia, al ser permanente, no puede destruirse, solo puede enmascararse. Espera pacientemente el día en que despiertes siendo quien eres en realidad.

Encontrar la presencia de Dios. Aunque el proceso espiritual es invisible, se encuentra al alcance de los sentidos. Debemos percibir la diferencia entre el progreso y el estancamiento. La presencia del alma trae consigo la presencia de Dios. La gente lo describe de diversas maneras: como una sensación de ligereza, de júbilo interno, de serenidad inquebrantable y un sinfín de sensaciones más. Es una experiencia fluida y personal. Pero se precisa algo palpable que indique que la transformación se está produciendo.

Algunas señales resultan bastante obvias. Aquel que se libera del miedo y la ansiedad es consciente de lo que ocurre. Cuando cualquier aspecto negativo de ti mismo comienza a mejorar, es que avanzas en el camino. Pero conviene recordar que el alma no es tu terapeuta. La gente consigue calmar mucho mejor la ansiedad y la rabia recurriendo al Prozac y otros psicotrópicos que a través de la espiritualidad. De hecho, la divisoria entre ambas disciplinas se ha ido diluyendo hasta el punto de que buscar a Dios se ha convertido en una especie de meta-terapia. El objetivo consiste estrictamente en liberarnos de algún malestar interior, como la pena, la adicción o la soledad.

Son objetivos que merecen la pena y, desde luego, debes recurrir a todos los medios disponibles para liberarte del dolor interior. Pero eso no es lo mismo que encontrar la esencia. Tiene que crecer algo positivo. La mayoría de la gente ansía tanto lo positivo que se engaña fácilmente. Creen que un par de dosis de Jesús mezcladas con rezos fervientes traerán el amor y el perdón. Uno oye hablar del amor incondicional de Dios a fundamentalistas que viven en un estado de negación profundo de su propia intolerancia, su ira reprimida y sus temores no afrontados. No pretendo señalar culpables. Cuando aparece en las noticias el último escándalo de algún predicador evangélico que ha estado escondiendo pecados secretos, el abismo que separa las palabras rectas de las rectas acciones resulta demasiado evidente. Ciertas personas deberían cuidarse muy mucho de blandir las Escrituras como amenaza.

En momentos tan escabrosos suele pasarse por alto que

nunca resulta sencillo sortear totalmente los obstáculos internos. El proceso conforma siempre un toma y daca en que se avanza y se retrocede. No podemos esperar que Jesús aparte el pecado de golpe. Pero el pecado —el sentimiento de culpa por saberte imperfecto, obrar mal o no estar a la altura de tus posibilidades— cede paso gradualmente a la rectitud, la agradable certeza que produce saber que tu mejor yo existe y está saliendo a la luz. La existencia humana común descansa en esa mezcla entre perfección e imperfección.

Retirar los obstáculos y resistencia internos. Los avances y retrocesos que cada uno experimenta en el camino no son consecuencia de que el alma se acerque y se aleje. La presencia del alma es constante; lo que varía es la manera de percibirla. ¿Por qué varía? Para los devotos religiosos, la respuesta tiende a ser moral: todos somos pecadores que caemos en la tentación. Sin embargo, a nivel de la conciencia, la dimensión moral —junto con la culpa y la vergüenza que producen— no es la primera opción. Primero comenzamos examinando la mente, donde existen diversos tipos de obstáculos. Cuando la mente se resiste, los obstáculos ocultan la presencia del alma. A nivel práctico, el tiempo que pasamos en el camino lo dedicamos a localizar nuestra resistencia interna y a hacerla desaparecer gradualmente. El toma y daca con Dios es una ilusión; las auténticas concesiones mutuas se llevan a cabo con nuestra conciencia.

Ahí es donde ser un hijo de Dios no es lo mismo que ser un niño. Cuando un niño aprende a andar, no puede afirmarse que el andar ya estaba presente en él. El crecimiento espiritual se acelera mediante la experiencia. Hace treinta años se aplicó un electroencefalógrafo a personas mientras estaban meditando y el aparato mostró alteraciones en las ondas cerebrales, con un incremento de las ondas alfa.

En la actualidad, los investigadores han verificado mediante escáneres cerebrales que tras períodos prolongados de meditación, como los años que los monjes tibetanos budistas pasan en los monasterios, el denominado «circuito integrado» del cerebro puede sufrir alteraciones permanentes. Fundamentalmente, en el caso de quienes hace tiempo que meditan, los centros que se activan en el cerebro cuando una persona se enfrenta a un estado de tensión repentino no reaccionan. Los centros neurológicos del enfado, la ansiedad, la alerta y la respuesta de lucha o huida parecen inactivos. De este modo se observa la correlación física con «la paz más allá de toda comprensión».

Dicho esto, no debería confundirse el camino espiritual con abotargar el cerebro. Jesús habla de despertar, lo que implica un incremento del estado de alerta interior. La experiencia de la esencia es sutil. De no ser así, todos seríamos conscientes de que la tenemos. Al afrontar las limitaciones propias se inicia un proceso de expansión al tiempo que los antiguos límites desaparecen. Sabemos que no se trata de una ilusión ni de un producto de la química cerebral porque mientras la resistencia desaparece se despliegan posibilidades ocultas. De pronto, una persona puede sentir amor y expresarlo. La comprensión revela nuevas verdades sobre el ser y la vida. Por decirlo de otro modo, tu existencia se vuelve más significativa. Esta es la guía más fiable hacia el crecimiento interno, no la llegada de la paz por sí misma ni la desaparición de los demonios internos. Una y otra son cambios importantes, pero a no ser que la comprensión florezca al tiempo que tu visión se vuelve más profunda, el único cambio interior que habrá tenido lugar será la curación.

Cambiar la relación con el alma. Una vez tengas suficientes indicios de que el camino espiritual es real y de que formas parte de él, podrá producirse el cambio drástico. Cambias tu lealtad al ego por lealtad al alma. Esto no implica volverse santo de la noche a la mañana. No hace falta que abandones todo lo que no sea espiritual. Se trata de algo más sutil, más parecido a cerrar un contrato tácito. Desde que nacemos estamos atrapados por un contrato con el ego. Nuestras vidas están dominadas por el «yo, mí, mío». Ahora los términos del contrato están experimentando un cambio profundo.

Hasta cierto punto las limitaciones del lenguaje complican la descripción de ese cambio. «El yo pequeño» y «el yo inferior» implican juicios de valor negativos. La experiencia que las palabras no alcanzan a describir consiste en la expansión de los límites y la sensación de que se abandona el yo. El ego es incapaz de lograr estos cambios, y mientras profeses máxima lealtad al ego no se producirán; la perspectiva de la libertad te tentará, pero serás incapaz de abandonar la prisión.

Jesús fue un simple maestro que trajo la realidad oculta del alma a la tierra. Comprendió que lo natural y lo simple son piedras de toque de la sabiduría.

Simplificar

Valora tus experiencias pero no trates de poseerlas.
Evita pensar que el camino te pertenece.
Permite que las cosas vayan y vengan sin tratar de retenerlas.
No finjas sentirte más positivo de lo que te sientes.
No exageres tus experiencias ni ante ti ni ante los demás.
Comparte el camino solo con gente de tu confianza.
Da las gracias con simplicidad.
No permitas que tus experiencias te aparten ni te coloquen por encima de los demás.
No caigas en la tentación de creer que eres santo.

Si examinas la vida de Jesús, verás que siguió todos estos consejos hasta el punto de alejar de sí a cualquiera que le adulase. Se distanció de sus propios milagros y vivió con una humildad ejemplar. Pero al mismo tiempo su estado de conciencia de Dios era tan elevado que cambió la historia. De hecho, uno de los triunfos del legado cristiano es la llamativa dicotomía entre la humildad de Jesús y su exaltación.

Soy consciente de que algunos maestros espirituales describen el proceso que lleva a la conciencia superior como un esfuerzo, en ocasiones de proporciones heroicas; es más, sostienen que la única esperanza de progresar descansa en la «muerte del ego». ¿Es esta la visión de Jesús? En los Evangelios nos advierte contra el peligro de Satanás, generalmente denominado «el malvado». Pero la mayor parte de las veces Jesús aconseja a sus seguidores en contra de toda lucha. Dice que basta con la fe para alcanzar el cielo. Habla de la redención a través de Dios como de una simple cuestión de pedir y recibir automáticamente.

El propio Jesús rechazó a Satanás durante su estancia en el desierto. Se ha recurrido a este episodio como prueba de que uno de los principales objetivos de la vida cristiana debe ser la lucha contra el demonio: si Jesús se armó de valor para enfrentarse a la tentación, ¿por qué las cosas iban a ser diferentes en nuestro caso? Mateo, Marcos y Lucas describen la tentación de Cristo, un episodio crucial del Evangelio porque, al rechazar a Satanás, Jesús se niega a aceptar el dominio del mundo en términos materiales. No solo hay que ser el Mesías para que te ofrezcan gobernar el mundo, además hay que ser el Mesías para rechazar semejante ofrecimiento.

Tal como se nos cuenta en el Evangelio de Marcos, considerado por lo general el original de Mateo y de Lucas, Juan Bautista acaba de bautizar a Jesús. El Espíritu Santo ha descendido: «Vio abrirse los cielos y al Espíritu como paloma que descendía sobre él. Y vino una voz de los cielos que decía: "Tú eres mi Hijo amado, en ti tengo complacencia"» (Marcos 1, 10–11). Inmediatamente Jesús es guiado por el espíritu hacia el páramo (o desierto): «Era tentado por Satanás y estaba con las fieras, y los ángeles lo servían».

En otras palabras, en cuanto Dios demostró que Jesús era hijo suyo, Satanás lo reclamó para el bando contrario. Puso a prueba la lealtad de Jesús. El episodio nos recuerda la apuesta entre Dios y Satanás sobre el alma de Job en el Antiguo Testamento, otro recordatorio místico que contribuiría a convertirle en el Mesías. Mateo aporta más detalles que la esquemática versión de Marcos. En su versión, Jesús ayuna durante cuarenta días mientras el diablo trata de llegar a un acuerdo con él.

En primer lugar, el diablo ofrece pan a un hambriento Jesús, que contesta: «No solo de pan vivirá el hombre, sino de toda palabra que sale de la boca de Dios» (Mateo 4, 4). El diablo es famoso por citar las Escrituras en beneficio propio, y eso es lo que hace a continuación. Lleva a Jesús al lugar más elevado del templo de Jerusalén y le reta a que salte: «Si eres hijo de Dios, tírate abajo, pues escrito está: "A sus ángeles mandará cerca de ti" y "En sus manos te sostendrán, para que no tropieces con tu pie en piedra"».

Resulta evidente que el evangelista ha inventado esta batalla de citas por una razón que le obsesionaba: Jesús, para ser el auténtico Mesías, debía cumplir todas las antiguas profecías. Y prosigue en esa línea. A la segunda tentación Jesús responde: «Escrito está también: "No tentarás al Señor tu Dios"». Como última oferta, Satanás lleva a Jesús a la cima de una montaña, le muestra los reinos del mundo extendiéndose ante la vista y le promete: «Todo esto te daré, si postrado me adoras». Pero Jesús se mantiene fiel al papel que se le ha sido asignado y cita otra escritura: «Vete Satanás, porque escrito está: "Al Señor tu Dios adorarás y solo a él servirás"». Entonces el diablo le deja y unos ángeles acuden a servirle. Comparado con el Evangelio de Marcos, que resume la tentación del diablo y los ángeles sirviendo a Jesús en una sola frase, se diría que Mateo detalla los pormenores porque quería dejar clara una cuestión y aquel era el lugar idóneo para hacerlo.

Mateo quería vincular inexorablemente a Jesús con la tradición judía. Así, Jesús pasa cuarenta días en el desierto como reflejo de los cuarenta días de diluvio que soportó Noé. Y el hecho de que la tentación transcurra en el desierto alude al vagar de los israelitas cuando Moisés los liberó del cautiverio en Egipto. Pero además de echar la vista atrás, la tentación de Cristo se proyecta en el futuro estableciendo un modelo para innumerables creyentes, incluidos los santos más puros, que se sienten tentados de apartarse de Jesús y caer en brazos del pecado.

El episodio del desierto resulta igual de verosímil —y más universal— si se entiende como una prueba de lealtad entre el mundo material, dominado por el ego, y el mundo del alma, dominado por el espíritu. La mayoría de los cristianos ignora que muchos siglos antes, en la India, el rey de los demonios, Mara, tentó a Buda bajo una higuera. Su encuentro resulta igualmente mítico. Tuvo lugar la noche en que Siddhartha, un príncipe que se convirtió en buscador, finalmente alcanzó la iluminación. Mara le ofreció el mismo gobierno del mundo que Satanás le ofreció a Jesús, pero también se burló de la afirmación de Siddhartha de que merecía ser iluminado. Mara manifestó ilusiones amenazadoras, entre ellas, una formación de elefantes de guerra e infinidad de demonios. El rey de los demonios llegó a incluir en el lote a sus tres preciosas hijas. Buda fue capaz de ver más allá de la naturaleza ilusoria de esas lisonjas, igual que Cristo supo decir «Vete, Satanás».

En nuestra vida, el modelo de tentación de Cristo no refleja la realidad de la transformación. De nada sirve sentir que el diablo nos esté tentando, ni admitir que «pecado» es el término adecuado para determinados aspectos de la naturaleza humana. Recuerdo una experiencia personal que me pareció perturbadora y conmovedora al mismo tiempo. Cuando ocurrió el escándalo de los sacerdotes católicos que abusaban de niños en Boston, me pidieron que hiciese de comentarista para la CNN. Me dirigí al estudio sabiendo que ya se había emitido un juicio contra los sacerdotes que habían violado sus votos y las leyes al haber abusado sexualmente de niños. Sin embargo, nadie había comentado que la auténtica raíz del problema era la colisión entre dos mundos.

Por un lado tenemos el mundo secular y el gobierno de la ley. Por otro lado tenemos el mundo cristiano y las normas de Dios. En el mundo cristiano la pedofilia constituye un pecado grave. La persona que lo comete ofende a Dios y debe buscar el perdón, que será concedido a través de Cristo, porque ningún pecado resulta tan grave que no pueda ser perdonado. Pero este concepto de perdón escandaliza a la mayoría de la gente, ya que en el mundo secular la pedofilia es un crimen y aquel que lo comete merece ser castigado con toda la fuerza de la ley. Mientras reflexionaba acerca de estas cuestiones estuve a punto de dar media vuelta con el coche y no acudir a la entrevista televisiva porque no encontraba la manera de reconciliar ambos mundos. Aceptar la postura secular implica renunciar a la misericordia. Todos somos imperfectos y ninguno de nosotros podría soportar la vida sin la esperanza del perdón. Y mucho menos toleraríamos que nuestros defectos psicológicos fuesen considerados crímenes penados con toda la fuerza de la ley.

Por otro lado, la Iglesia católica se mostraba poco realista al negarse a reconocer la dimensión psicológica del abuso de menores. La espiritualidad no puede ser el refugio de las mentes retorcidas. Uno imagina a un joven homosexual volcándose en el sacerdocio para evitar sentimientos e impulsos vergonzosos que no comprende. Sin embargo, su decisión en vez de a la salvación, le lleva a cotas mayores de represión, secretismo y vergüenza. Pasan los años y se percata de que los mismos impulsos persisten; peor aún, se dirigen hacia el mismo grupo de edad con que fantaseaba a los doce o trece años de edad, una época de confusión en que la atracción por el mismo sexo no siempre es síntoma de homosexualidad. El precio que paga por volverse hacia Dios es la ausencia de una «cura», ya sea psicológica o espiritual.

Al final decidí acudir al estudio, pero en cuanto planteé la posibilidad de que ambos mundos se encontraran en conflicto, el moderador palideció. Se inclinó sobre el micrófono y dijo: «Por supuesto, usted no perdona de ninguna manera lo que hicieron estos sacerdotes, ¿verdad?». Comprendí que trataba de rescatarme tras un desastroso desliz. Contesté: «No, no lo perdono. La ley debe seguir su curso». Dicho lo cual, el moderador pasó a formular una pregunta menos explosiva.

Con la perspectiva del tiempo me he dado cuenta de que lo que me daba vueltas en la cabeza era el asunto de las lealtades que venimos tratando. Nuestras mentes divididas no han contestado a la cuestión fundamental: «¿A qué lugar pertenezco, al mundo material o al del alma?». La gente que quiere estar cerca de Dios a menudo tiene la impresión de que se les pone a prueba a diario para comprobar si pecan. A algunos incluso les preocupa que los pensamientos pecaminosos basten para caer en manos de Satanás. En el mundo secular quizá no se emplee la palabra «pecado», pero la culpa también nos aleja del alma porque la sensación de que no merecemos recorrer la senda espiritual nos acecha.

El poder de la tentación en el sentido cristiano es tal que algunos creyentes lo convierten en un drama personal. Una vez vi en una emisión evangelista el testimonio de un hombre que había escalado una cumbre de los Alpes suizos. Había llegado mucho más arriba del límite de los árboles y observaba una vasta extensión de montañas cuando se percató de que el diablo le perseguía. Empezaron a surgir demonios de la nada que se abalanzaron sobre él aullando y con un rechinar de dientes. A lo lejos, en el borde del camino, el hombre divisó una capilla típica de los Alpes. Corrió hacia ella invocando desesperadamente a Jesús. Por fortuna llegó sano y salvo justo a tiempo y al arrodillarse frente al crucifijo sintió la presencia de Jesús. Como en los Evangelios, Cristo ordenó a Satanás y a sus adláteres que se marchasen, lo cual hicieron al instante.

¿Puede alguien decirle a ese hombre que fue él quien creó en su mente ese escenario de vida o muerte? Su mente conjuró los demonios que le perseguían a partir de sus imágenes de la lucha cristiana entre el bien y el mal. No cabe duda de que tales imágenes acecharon su memoria, colocadas ahí por las cosas que había oído años antes en la escuela dominical. Gracias a los neurólogos sabemos que la mejor manera de subsistir que tienen los recuerdos es mediante la emoción. Por eso recuerdas la vez que perdiste a tu madre en el supermercado o el primer paso que diste en el autobús escolar. La ansiedad te dejó su huella en la memoria, mientras que los acontecimientos de menor importancia emocional, como el coche que conducía tu vecino cuando tenías diez años de edad, se olvidan.

Indudablemente la guerra entre el pecado y la salvación arrastra emociones poderosas. ¿Ha existido alguna vez una historia más emocionante que la vida de Jesús? Las vidas de Buda y Lao-Tze no se le pueden comparar, y las aventuras bélicas de Mahoma, repletas de apuradas huidas nocturnas y batallas campales, carecen de la dulzura y la profundidad emocional del arco argumental que va desde el milagroso nacimiento de Jesús hasta su trágica muerte expiatoria. En comparación, el camino hacia la conciencia de Dios carece de componentes dramáticos. ¿Cómo puede competir un mero proceso con el espectáculo que fue la vida de Jesús?

Sin embargo, en este caso la emoción no es una guía fiable. La actividad más importante de la mente no es la batalla entre el bien y el mal. Es la distinción entre lo real y lo irreal. La conciencia es el campo de cultivo donde nacen los pensamientos, las imágenes y las palabras. Los que alimentan ilusiones se oponen a los que revelan la realidad. Jesús dijo algo similar en aquellas ocasiones en que advertía acerca de las ilusiones del mundo material. Debemos tenerlo presente. Su enseñanza trata de inculcarnos la lealtad a Dios porque solo él es real.

EN MITAD DEL VIAJE

En mitad del viaje se comienzan a recoger los frutos de la vida espiritual. A medida que la agitación se aplaca y el alma se acerca, se producen cambios profundos. Las epifanías dejan de ser arrebatos súbitos de éxtasis. Relacionarnos con nosotros mismos como seres espirituales deviene una experiencia más sutil y constante.

«Me tomé muy en serio la meditación cuando atravesaba la veintena», me comentó un amigo que llevaba treinta años en el camino. «Llegué incluso a convivir en una comunidad espiritual donde todos los días nos despertábamos al alba, meditábamos durante varias horas y volvíamos a meditar unas horas más por la tarde, cuando regresábamos de trabajar. Me encantaba ese tipo de vida. La gente se burla de esa palabra, pero cualquiera que haya profundizado en el silencio lo suficiente para experimentar el júbilo sabe lo atractivo y tentador que resulta. Sentía que había hallado mi paz.

También ocurrían otro montón de cosas. Mi ego sacó a la luz inmundicias que no quería afrontar; descubrí que bajo mi amabilidad, que a los demás siempre les había parecido positiva, albergaba furia y resentimiento. Mi mente era como un vaso de agua con un poso de lodo en el fondo. Antes de mudarme a la comunidad, creía tener la mente más clara. El lodo se había posado, el agua se veía limpia en la superficie. Luego la tierra comenzó a agitarse y todo se enturbió. Pero con el tiempo la situación cambió. A mi modo de ver, la dicha fue la recompensa a la difícil tarea de eliminar ese lodo».

Existen diversas imágenes para describir el proceso de crecimiento espiritual. Si le preguntamos a alguien, el espectro de las respuestas es amplio:

Estoy contactando con Dios.
Vivo al nivel del alma.
No me siento tan apegado a mi ego.
Estoy encontrando mi propia verdad.
Hay más amor en mi vida y soy capaz de recibirlo mejor.
Estoy cambiando mis antiguos condicionamientos y adicciones.
Comienzo a sentirme nuevo otra vez.
Ahora recuerdo quién soy realmente.

Quizá alguna de estas descripciones guarde relación con tu viaje. Pero es imposible sentir que creces a cada minuto. En ocasiones, cuando pierdes de vista el centro, parece que no se está produciendo ningún crecimiento. Experimentas reveses desalentadores y largos períodos en que has alcanzado una meseta y te sientes incapaz de avanzar más. La mitad del viaje es un período de recompensas y frustraciones.

No hay una única manera de describir la mitad del viaje. Lo más importante es que sus subidas y bajadas no nos induzcan a error. En ese sentido me sorprendió la historia de un veterano maestro versado en el sufismo, la senda mística del islam. Había alcanzado grandes logros espirituales, pero un día la luz desapareció. «Estaba sentado a la mesa del desayuno, con mi esposa, cuando se me ocurrió pensar: "¿Quién es esa?". Amo profundamente a mi mujer, pero en ese momento sentí que miraba a una desconocida. Traté de eliminar el pensamiento pero no lo logré. Me desconcertó durante largo tiempo, porque había dado por supuesto que progresaba a un ritmo constante en mi búsqueda de Dios. Entonces comprendí lo que pasaba. Ocurre así: trabajas durante años escalando una montaña. Estás cerca de la cima y ves que Dios te tiende la mano. Corres ansioso hacia ella y, justo cuando tus dedos están a punto de rozar los suyos, Dios dice: "¿No has olvidado algo?". Esto supone un shock, porque en ese momento te percatas de que has alcanzado la cima y has dejado atrás todas las partes de ti que odias y que te avergüenzan. No planeabas llevarte tus secretos contigo cuando te encontrases con Dios, pero así es como ocurre. Debes volver a bajar y encontrar a los huérfanos y a los niños abandonados que lloran en la oscuridad. No solo tumejor yo encuentra a Dios. Lo encuentras en tu totalidad».

Todo el mundo encuentra resistencia en el camino espiritual, el éxito futuro depende en gran medida de encarar y sortear los obstáculos que vayamos encontrando. Profundicemos en este concepto.

Por qué te resistes al espíritu

Costumbre. La nueva experiencia no encaja con nuestra manera de pensar y actuar. La mente está condicionada para aferrarse a las antiguas costumbres y resistirse al cambio.

Memoria. El pasado eclipsa al presente. Das por supuesto que ya sabes lo que la vida puede ofrecerte.

Culpa. Evitas experiencias nuevas porque albergas una sensación secreta de pecados pasados.

Valía. Crees que no mereces esas nuevas experiencias. Son «demasiado buenas» para alguien como tú.

Ira, pena y dolor reprimidos. Las antiguas emociones que nunca llegaste a liberar del todo comienzan a salir a la superficie. Te asustas y quieres arrinconarlas en su escondite.

Pérdida de control. La nueva experiencia causa agitación y conflictos internos. Tienes la impresión de que ya no ejerces el control y te entra el pánico.

Escepticismo y duda. No crees que las experiencias son reales porque la mente racional se niega a aceptarlas.

Victimismo. Estás acostumbrado a decepcionar a los demás y tienes expectativas muy bajas. Esperas que toda experiencia acabe mal, con independencia de lo positiva que pudiera haberte parecido en su momento.

Quizá los obstáculos te parezcan demasiado, pero en la práctica no hacen falta medidas heroicas para sortearlos.

Una vez más, la clave radica en la simplicidad. Cuando una situación te provoque un sentimiento negativo o cualquier otra reacción, contémplala como harías con un sentimiento positivo y decide qué medida adoptar. Hay multitud de opciones. Tendrás que experimentar un poco para encontrar la más adecuada. Las siguientes pueden resultar muy efectivas:

Esperar pacientemente. Percibe la reacción negativa y obsérvala un momento. Presta atención a tus sentimientos de ese instante, no emitas juicios ni los fuerces a cambiar. Esta respuesta es tranquila, pero no pasiva. Estás eliminando el factor de shock del momento, suavizando el sentimiento para no reaccionar impulsivamente ni intentar reprimirlo. Estás dejando que se disipe naturalmente, a su ritmo. Además, estás practicando el desprendimiento. Son respuestas espirituales profundas.

Comentar el problema. Cualquier experiencia negativa de la mente forma parte de ti. No es extraña ni malvada. Intenta comunicarte con tu miedo u hostilidad. Pregúntale qué significa. Debes descubrir por qué ha decidido aparecer en ese preciso instante. Dirígete a tu negatividad con respeto pero sin temor. No hay razón para el temor, ya que, por poco bienvenida que sea una experiencia negativa, se trata de un fragmento de ti, algo que escondiste o pasaste por alto. Tu ira, miedo o cualquier otro aspecto negativo se siente parte de ti y quiere que lo cures. Lo cual solo puede conseguirse mediante la comprensión. Así que hablar abiertamente de los sentimientos negativos que albergas puede resultar muy útil. Saca a la superficie aquello a lo que debes dedicar atención.

Pide a la energía subyacente que te abandone. No toda negatividad desea permanecer. Todos hemos experimentado los malos humores pasajeros y los ramalazos emocionales que no tardan en amainar. Invita a la energía negativa a marcharse, pero antes concédele la oportunidad de que diga lo que quiera decir. Si empiezas a pensar en la ira, el miedo, la ansiedad, la preocupación y demás respuestas negativas como mensajes en vez de como aflicciones, se volverán menos «pegajosas». Devendrán menos obsesivas e insistentes. Cuando realmente exploras la sombra, descubres que la energía va unida a un mensaje. La energía llama tu atención; el mensaje tiene algo que comunicar. Una y otro deben ser comprendidos. Si tratas de superar el miedo o la ira sin saber lo que significan, se fortalecerán y regresarán. Si recibes el mensaje pero no intentas disipar la energía a la que va unido, los sentimientos negativos persistirán. Pero si primero escuchas el mensaje y luego retiras la energía, te liberarás incluso de la reacciones negativas más persistentes.

Buscar ayuda y asistencia. Nuestra mente posee innumerables niveles. En los más altos tenemos mucho más control y autoridad de lo que creemos. Es importante que aprendas a confiar en los aspectos del yo superior que no puedes ver. Pide ayuda para eliminar la energía negativa indeseada. Algunas personas recurren a ángeles y guías; otras rezan a Dios; otras piden ayuda directamente a su yo superior. En función de tus creencias, no vaciles en admitir que estás desbordado y necesitas ayuda.

Respuestas físicas. Centrémonos en la sabiduría del cuerpo. Aunque la mente puja siempre por tomar el control, la vida es una empresa cooperativa entre la mente y el cuerpo. Tal como les gusta recordar a algunos trabajadores del cuerpo, la carne también tiene su peso. Así que deja que el cuerpo haga lo que quiera para liberarte de la tenaza que supone una experiencia negativa. Quizá ya sepas si eres la clase de persona que se libera del estrés caminando o en el gimnasio. Hay muchos movimientos del cuerpo que pueden ayudarte. Conozco a gente que se agita, tiembla o se retuerce las extremidades, por ejemplo. Es su exorcismo particular.

Otras personas cantan o tararean a ciertas frecuencias y después dejan que el cuerpo suba o baje el tono a placer. El proceso es simple. Túmbate boca arriba en una posición cómoda y canta o tararea una nota. No importa cuál. Puede ser aguda o grave, fuerte o suave. Concéntrate en tu interior y relájate. Permite que el tono actúe por voluntad propia. Mucha gente opina que las notas agudas les ayudan a despejar la mente; de este modo se pueden tratar pensamientos y preocupaciones reiterativas. Los tonos más graves, tipo gruñidos, funcionan mejor en el abdomen. Pero esto no son más que pautas generales.

El tono debe resultar apropiado a la situación inmediata de la persona, y eso solo se logra con experiencia. El primer paso es siempre el mismo. Túmbate y comienza a emitir un tono a ver adónde te lleva. Te ayudará a liberar energías atascadas. La risa y el llanto funcionan bien para casi todo el mundo por las razones opuestas. La risa produce un efecto tonificante, mientras que el llanto expresa la pena subyacente que forma parte de la mayoría de las energías negativas. Tendemos a considerar que la risa y el llanto son respuestas emocionales, pero también tienen poderosos efectos físicos.

Respiración. El ritmo y la profundidad de la respiración varían en función de lo relajados que estemos y de nuestro estado mental. En muchas tradiciones espirituales la respiración también establece una sutil conexión con las realidades superiores, aportando energía vital desde el origen. Puede resultarte útil recurrir a algún tipo de respiración controlada para eliminar energías negativas. He aquí dos ejercicios sencillos:

1) Túmbate boca arriba en una cama o sobre una moqueta mullida. Separa las piernas y coloca las manos lejos del cuerpo *para asumir una postura abierta.* Respira con normalidad, sin contar ni calcular la duración de cada respiración. Siente cómo la exhalación expele energías negativas en un flujo suave. Cuando te hayas relajado, comienza a bostezar. Que los bostezos sean profundos. Nota cómo el cuerpo se va relajando; continúa bostezando un poco más y luego sigue tumbado tranquilamente unos minutos. Si te entra sueño, no te resistas.
2) Túmbate en la misma posición que en el ejercicio anterior. Tras un momento, respira lo más hondo que puedas. Luego libera el suspiro de golpe y permite que el soplo de aire salga a voluntad, no lo fuerces con los músculos del pecho. Antes de repetir el ejercicio, espera un momento. Pide a cada suspiro que libere cualquier energía que quiera abandonarte en ese momento. Tras seis o siete suspiros, permanece tumbado tranquilamente durante unos minutos. Si te ataca el sueño, no te resistas.

Hemos cubierto un vasto espectro de técnicas simples. Encontrar la respuesta adecuada a una situación específica requiere tiempo. Sé flexible; ten en cuenta que ninguna técnica funciona siempre. Cuanto más paciente seas, mejor. Quizá un día necesites llorar y otro día tengas que esperar pacientemente o hablar con tu yo interior. El objetivo no es expulsar los viejos residuos lo más rápidamente posible, sino relacionarse con ellos de una manera nueva. En vez de rechazar los fragmentos de experiencia que temes y te disgustan, debes reconocerlos como parte de ti y tratarlos con el mismo respeto con el que tratas al resto de tu persona.

También resulta útil conocer el tipo de respuesta que *no* nos ayudará.

Racionalizar. No desdeñes la negatividad como simple mal humor. No te digas que careces de tiempo para ese tipo de respuesta ni que la respuesta no importa. Si un fragmento oculto de ti ha subido a la superficie tras haber permanecido sumergido meses o años, el acontecimiento es significativo.

Ego. Cuando albergues sentimientos que no apruebas, no digas: «Esto no le ocurre a alguien como yo» ni «Yo no soy esa clase de persona». Tu interior alberga reflejos del mundo entero. Lo cual es una bendición, pero no desde el punto de vista del ego. El ego solo quiere reconocer experiencias que refuercen su fe en el «yo, mí, mío». Cuando una experiencia menoscaba el poder del ego, es rechazada. Si un sentimiento o una situación toca un punto débil, el ego responde con violencia, la rechaza, la juzga, la reprime y la niega con mayor virulencia. Pero esas tácticas son el auténtico obstáculo que debes apartar. Solo sirven para que te vuelvas indiferente y atontado.

Timidez y miedo. Las energías negativas siempre están ligadas a la memoria porque constituyen el rastro residual de las experiencias pasadas. Estos residuos emergen como sombras del mismo modo en que entraron. Por eso cuando nos enfrentamos a antiguos miedos o enfados, a menudo vemos imágenes del pasado y resucitamos emociones que llevan tiempo enterradas. Es tentador reaccionar con timidez y alejarse de ellas. Recuerda que no eres la misma persona que en el pasado, así que no tienes por qué reaccionar como si todavía fueses un niño. Entonces no estabas preparado para enfrentarte a la pérdida, el dolor, la ansiedad y la soledad. Lo que ahora experimentas, mientras los recuerdos descargan su energía, no es más que una sombra, es irreal.

Titubear. Las energías negativas casi nunca escogen el momento adecuado para salir a la superficie, pero no te digas que ya les prestarás atención mañana. Mañana solo serán un recuerdo; no te estarás enfrentando a la auténtica esencia de lo que anida en tu interior. No obstante, hay una excepción. Si la negatividad emerge a causa de otra persona, no la descargues en ella. Esa persona solo ha activado lo que llevabas dentro. Espera a afrontar la negatividad cuando estés a solas. Ello exige responsabilizarte de cómo te sientes. La salida más fácil es exteriorizar la energía negativa culpando a otra persona, convirtiéndola en la diana de nuestras emociones. Afrontar la verdad es más complicado pero más productivo: toda nuestra energía negativa nos pertenece a nosotros, no a otra persona. Una vez asumido esto, podremos sanar lo que ya reconocemos como propio.

Cambios de humor espiritual

Lo que se interpreta como un retroceso en pleno viaje es en realidad un regreso a partes de nosotros mismos que precisan atención espiritual. El alma es constante; tan solo varía nuestra percepción. Nos observamos avanzando o retrocediendo. Hallamos la paz interior y la perdemos de nuevo. Nos esforzamos por vencer el desánimo y la tentación de recuperar la vida normal que teníamos antes de que nos sedujera el espíritu.

Resulta útil prepararnos para los cambios de humor espirituales y aprender a reaccionar ante ellos. Una mujer que había pasado años practicando yoga y meditación dijo con amargura: «Me pasé muchísimo tiempo renunciando al mundo y ¿qué conseguí? Envejecer. Perder contacto con mi familia. Y quizá volverme muy rara. No pretendo resultar grosera, pero ¿dónde están los beneficios?». Había puesto fin a su relación con un famoso gurú indio y trabajaba en una oficina como empleada eventual. Le pregunté si había percibido algún síntoma de progreso espiritual. Al fin y al cabo, se había dedicado a sus prácticas en cuerpo y alma. «Conseguí una lamparilla —contestó con ironía—. Así es como llamo al titileo azul que veo cuando duermo. Mi cuerpo duerme por las noches, pero la mente permanece alerta y la acompaña un tenue titileo azulado».

Puesto que había pedido mi opinión, se la di: «¿Sabes lo que es en realidad esa lamparilla, como tú la llamas? Estás siendo testigo de tu conciencia. Has llegado al origen de la mente, y eso supone un gran logro. El hecho de que te sientas insatisfecha es importante en este momento, pero eso no resta valor a tu logro».

Parecía confusa. No estaba acostumbrada a pensar en su caso como en un éxito. «En el camino nos contamos todo tipo de historias —le dije—. Y lo que tienen en común es que jamás son del todo ciertas. Cuando te refieres a ti misma como "yo", ¿quién es esa persona? ¿El yo de cuando tenías tres años o el yo del día de tu boda? ¿El yo que encontró una visión en la que creer o el yo al que ahora esa visión le parece inalcanzable?».

Cada ser es provisional. El yo es temporal y está sujeto a todo lo que conlleva el tiempo: un día nació y un día morirá. El ego cambia constantemente. Lo experimentamos tanto si estamos en el camino como si no. «La mayoría de la gente no ve una salida a la incertidumbre de la vida —le dije a la mujer—. Edifican su hogar espiritual sobre arena. No es tu caso. Tú has construido algo en lo que puedes confiar por muchos altibajos que experimentes».

Da igual que el yo se sienta victorioso o vencido, eufórico o desanimado; comparados con la conciencia, esos sentimientos no son más que fantasmas. Todo se construye a partir de la conciencia. El mundo consiste en imágenes proyectadas en una pantalla, y la conciencia es la luz continua que emana del proyector. A medida que iba hablando, la mujer se ablandó un poco y me preguntó por qué experimentaba una incertidumbre tan drástica. ¿Cómo podía estar tan segura de su alma un día y tan insegura al día siguiente? «Porque tu antiguo sentido del ser no se rinde fácilmente», le expliqué. Resultaría más cómodo que la búsqueda espiritual consistiese en sufrir una sola noche oscura del alma tras la que nos sintiéramos más seguros de nuestro vínculo con Dios. Pero existen muchas mañanas oscuras del alma, muchas tardes umbrías y muchos crepúsculos. La mitad del viaje tiene que ver con todas las enseñanzas que Jesús dio a los discípulos sobre cómo alcanzar la conciencia de Dios.

Temor. Cuando Jesús presenta una visión del Reino de Dios, promete un lugar sin miedo y abre el camino para llegar hasta allí. En el Reino de Dios se satisface esta necesidad básica. Si comienzas el viaje con mucho miedo, Dios queda muy lejos. Te ha abandonado o no te escucha. Tal vez te esté castigando con la culpa, duras condiciones físicas o el maltrato. Si las dificultades de la vida son externas (falta de dinero o de trabajo, aislamiento de los demás), Dios también te parecerá externo, un juez severo que manipula el mundo en tu contra y carga los dados para perjudicarte. En cambio, si los problemas que te afectan son de carácter interno (ansiedad, depresión, culpa), Dios también pertenece al interior. Se convierte en la voz castigadora de tu cabeza, en el superego que te critica constantemente. Nada de lo que hagas le parecerá bien. Mereces ser víctima por pecador.

Pero en el camino espiritual hay que plantar cara al miedo. Tienes que ir viendo, capa tras capa, que todos los miedos los has creado tú mismo. Cuando hablamos de capas, no significa que el miedo sea como las capas de pintura. Está enredado en el ser; parece «yo». Ese «yo» parece real; sus ansiedades son muy convincentes. Mientras eso no cambie, surgirán más razones para vivir asustado. El miedo es como un aparato de vídeo que emite imágenes temibles e, incluso cuando lo apagas, queda flotando una ansiedad que es preciso combatir. Hay muchas maneras de medir los avances en el camino espiritual, pero la disminución del miedo es la mejor.

Amor. En el lugar donde antaño habitó el miedo, encontraremos el amor. El Reino de Dios contiene solo amor. Todo lo que no alcanza ese ideal no se ha transformado del todo. Para Jesús, el mundo cotidiano refleja débilmente el amor divino. Ahí reside la clave de una de sus enseñanzas más perturbadoras:

> Si alguno viene a mí y no aborrece a su padre, madre, mujer, hijos, hermanos y hasta su propia vida, no puede ser mi discípulo. *(Lucas 14, 26)*

Diríase que Jesús ordena a sus discípulos que abandonen toda relación preciada, pero eso no tendría sentido viniendo de un maestro que les pide que amen a sus enemigos. Como tantas otras veces, Jesús habla en términos absolutos para captar la atención de sus oyentes, y en este caso distingue claramente entre el amor común y el amor a Dios. «Mí» es Dios, y «viene a mí» significa entrar en el Reino de Dios o, lo que es lo mismo, la realidad de Dios. Dicha realidad no es física; no se encuentra en las relaciones humanas, ni siquiera entre los seres más queridos. Si queremos conocer el amor divino, debemos encontrarlo en sus propios términos, no según estamos acostumbrados.

Incluso expresada de la forma más delicada, esta enseñanza es radical. Una persona no comienza por el amor cotidiano y luego dirige ese sentimiento hacia Dios. Hace falta un cambio total de la percepción, y Jesús, para ejemplificar el cambio, convierte la palabra «amor» en odio.

En otros momentos Jesús ofrece un camino más fácil, como cuando les dice a sus seguidores que amen al Padre. Al utilizar la palabra cotidiana «padre», que aparece infinidad de veces en los Evangelios, el amor divino y el amor terrenal parecen semejantes. Pero el Jesús místico considera que el mundo es una ilusión, lo cual también convertiría al amor que experimentamos en una ilusión. Ahora la palabra «aborrecer» cobra sentido; Jesús nos advierte del tipo de amor irreal que nos adormece y nos ciega ante el amor de Dios. El amor terrenal cotidiano es irreal porque fluctúa, viene y va, nos lo pueden arrebatar. El amor cotidiano depende del placer; cuando nos desagrada la persona que nos ama, el amor disminuye. Si el objeto de nuestro amor nos traiciona, el amor desaparece.

Por el contrario, el amor divino es incondicional y sin compromisos: el ser amado no debe ser fiel ni hermoso para proporcionar placer ni tiene que conseguir que te sientas deseado. El amor divino es la presencia de la luz. Llena con la misma intensidad cada rincón de la creación. En el camino espiritual, por tanto, tus expectativas cambian. La familia deja de constituir un modelo de amor. Solo el amor directo que emana de la luz merece ese nombre. Pero al final, cuando se alcanza la conciencia de Dios, no hay excepciones. Cuanto más nos acercamos a Dios, más lo amamos todo, porque Su creación ha pasado a ser nuestra.

El Reino de Dios es luz pura, la fuente del amor en su infinita variedad. El viaje hasta él comienza por un deseo de experimentar amor en su expresión más intensa. Los santos cristianos dicen que el amor de Dios los sacude, los reduce a cenizas, los desmiembra. Los romanos de finales de la era pagana eran gente de mundo, sofisticada, que adoptaba las formas de la religión sin necesitar nada más. Les desconcertaban los mártires cristianos, tan dichosos que cantaban himnos mientras los despedazaban las bestias salvajes o les atacaban los gladiadores.

En pleno viaje se experimentan momentos de éxtasis y períodos en que uno se siente rodeado de amor por todas partes. Episodios así ocurren en cualquier vida; no hace falta adentrarse en la senda espiritual. Pero el camino espiritual trata de esos momentos; aporta un centro y una dirección para expandir el amor y rellena los vacíos cuando el amor se pierde de vista. Anuncias tu voluntad de alcanzar el Reino de Dios, y en respuesta el amor de Dios te acerca a él constantemente.

Presencia y plenitud. Comparado con el Reino de Dios, el mundo material está vacío porque carece de la presencia de Dios. La presencia (a la que los gnósticos denominaban «pléroma», término griego que significa «plenitud») generalmente hace referencia a la totalidad de los poderes de Dios. Estar en presencia de Dios no es como entrar en el salón del trono e inclinarse ante un rey, aunque así lo imaginen muchos cristianos. Ni tampoco se produce un destello cálido indicativo de que Dios nos presta atención, como refieren algunos místicos cristianos. La presencia lo engloba todo; incluye tanto el bien como el mal.

Para nosotros, la mitad del viaje consiste en difuminar la línea que divide al mundo en dos. La totalidad emerge gradualmente, y esa totalidad es la presencia de Dios. Sin embargo, como nuestra mente opera en la dualidad (separando la oscuridad y la luz, el bien del mal), la plenitud de Dios plantea un problema: en presencia de Dios nadie es especial. Nos incomoda creer que Dios es como la lluvia que cae igual sobre justos e injustos. Nos negamos a creer que está igual de presente en un santo que en un pecador.

Jesús tuvo que hallar la manera de comunicar la omnipresencia de Dios a un público que solo comprendía distinciones claras: Dios, la ley y el cielo por un lado, y Satanás, el caos y el infierno por el otro. Unas veces recurrió al símbolo del rey que gobierna el mundo entero. Otras veces, a la mistificación, argumentando que la realidad de Dios es inimaginable. La cuestión sigue siendo cómo experimentar un estado de totalidad con una mente dividida y fragmentada y con un cerebro programado para establecer distinciones.

La solución a este dilema no pasa por encontrar las palabras adecuadas, ni siquiera la idea correcta. Las palabras y las ideas pertenecen a la mente activa. La presencia de Dios pertenece a la conciencia. Jesús desconcertó a los sacerdotes cuando dijo: «Antes que Abraham, yo soy»; no comprendieron que «Yo» era trascendente, no hacía referencia a una persona. Uno de los motivos de que la crucifixión fuese inevitable es que demostraba que a Jesús no le iba nada en este mundo. Estaba dispuesto a dar la vida, la única cosa que la gente quería que Dios protegiese. Explicado en nuestros términos, Jesús demostró que estar iluminado significa que ya no nos jugamos nada en este mundo.

En mitad del viaje intercambiamos nuestros deseos, temores, esperanzas y sueños materiales por un único estado imperturbable. En ese estado el cambio es secundario; el no cambio, primario. ¿Cómo es el no cambio? Como siempre, las descripciones varían en función de la fuente. Con todo, lo más fácil es destacar los aspectos del cambio que comienzan a disminuir:

La mente deja de estar desesperada, agitada y obsesionada.
La amenaza del pecado y del mal disminuye.
Dios deja de ser una persona, ya sea benigna o amenazadora.
El vínculo con las cosas materiales disminuye.
El pensamiento tipo «Nosotros contra ellos» deja de resultar atractivo.
Te das menos importancia. En el otro extremo, disminuye la necesidad de considerarte una víctima.
Los asuntos relacionados con el estatus, el dinero y las posesiones parecen menos importantes.
El amor deja de estar limitado a la gente que nos ama o a aquellos que encarnan nuestras fantasías sexuales.
En general, el ser se siente menos restringido. Las limitaciones de todo tipo comienzan a desaparecer.

Esos límites existen para que controles tu vida, la censures y rechaces los aspectos de la realidad que te incomodan demasiado.

Psicológicamente, solo una parte de los sentimientos, las sensaciones, los pensamientos y las posibilidades que alcanzan la mente consiguen penetrarla. Los demás son apartados mediante los mecanismos de la negación, la represión y el rechazo. La negación proclama: «Si no lo veo, es que no existe». La represión dice: «Si lo oculto bien, no existe». El rechazo dice: «Si lo rechazo con la ira suficiente, no existe». Tras toda una vida perfeccionando estos mecanismos —no nos equivoquemos, incluso la persona más abierta y tolerante los ha perfeccionado—, la ventana que permite la entrada a Dios es muy pequeña. Consciente de ello, Jesús habla acerca de Dios (y de sí mismo) como si se tratase de un ladrón que se cuela en una casa por la noche mientras el propietario duerme.

La mitad del viaje abre la ventana centímetro a centímetro, pero, por gradual que sea el proceso, el ego se resiste. El esquema «yo, mí, mío» depende de la creación de un bastión para el ego. Este empeño en conservar la protección y el aislamiento se considera absolutamente necesario en la fase de la niñez del desarrollo del ego. Si no supiésemos dónde comienzan y acaban nuestras limitaciones, seríamos autistas, nos diluiríamos en el mundo y los demás. Y aun en caso de no llegar a tales extremos, vagaríamos sin rumbo, incapaces de centrarnos.

Sin embargo, el ego ha cometido un error. Los límites son necesarios en el nivel más básico del ser, pero en cuanto una persona establece un vínculo psicológico con ellos, pierde la libertad. La puerta que evita la entrada de Dios también impide la salida del ser. La palabra «prisión» aparece 143 veces en la Biblia, y todas ellas en su sentido literal. Más de la mitad de estas referencias figuran en el Nuevo Testamento. Cuando Jesús viene a compartir esta experiencia, la transforma. Sufre encarcelamiento físico solo para ascender al cielo. Se libera de la tumba para trascender la muerte. Por tanto, cuando enseña a sus discípulos que la verdad les hará libres, entran en juego varios niveles de significación. Les dice que quedarán libres de la persecución política, de la intolerancia religiosa, de las limitaciones físicas y finalmente de la propia muerte.

La libertad lo aglutina todo; al liberarte de la ilusión de que vives encerrado tras unas paredes, te transporta ante la presencia de Dios. El ego no puede triunfar en su proyecto de dejar la realidad fuera y solo permitir la entrada a una fracción de la experiencia. Los límites son ficciones, convienen a los propósitos del ego, pero en última instancia son irreales. En mitad del viaje comprendemos que podemos ser todo lo libres que queramos, sin limitaciones. Es algo tan radical que solo tomaremos conciencia de ello de manera gradual. En cierta ocasión preguntaron a un famoso gurú si la iluminación puede alcanzarse rápidamente. El gurú contestó: «Puede ocurrir en treinta días, pero necesitarás que treinta hombres te sujeten».

Es imposible determinar si estamos en el camino espiritual o cuán lejos hemos llegado. Pero el progreso siempre viene marcado por la transformación. El camino no consiste en sentirse mejor. No se trata de que te conozcas a ti mismo, pongas fin al sufrimiento, encuentres la paz o sanes tus heridas más profundas. Consiste en una transformación tan profunda que sustituye la ilusión por la realidad. Jesús sobrevive hoy como fuerza del mundo porque encarna la verdad absoluta. Mientras nos dirigimos hacia la conciencia de Dios, nuestra transformación no puede detenerse a mitad de camino; no podemos conformarnos con una vida mejor o incluso con la mejor de las vidas, con un destello de Dios o incluso con Dios como compañero diario. El estado de conciencia de Dios representa un salto en el desarrollo de la humanidad que tú y yo debemos estar preparados para dar personalmente. La mitad del camino nos lleva hasta el lugar desde el que debemos saltar. El final del viaje no se parecerá en nada al mundo desde el que saltamos.

DONDE EL ALMA NUNCA MUERE

¿Qué se siente al alcanzar finalmente la conciencia de Dios? Como es natural, cualquiera que se encuentre en el camino espiritual formulará esta pregunta. La mitad del viaje no es lo mismo que el destino. De la mezcla entre el ser antiguo y el ser nuevo debe resultar un ser totalmente nuevo. El pecado dejará de existir. La gracia de Dios será abundante, y su presencia guiará todas nuestras acciones. Al menos esa es la promesa que lleva a la gente a emprender el camino cuando su meta es la conciencia de Dios.

Cuando la conciencia de Dios comienza a despuntar, se producen una serie de cambios:

Termina la batalla entre el bien y el mal.
Se descubre que el miedo es ilusorio.
Nos sentimos identificados con Dios; nuestros pensamientos y deseos proceden de una fuente divina.
Sentimos que el mundo nos pertenece en tanto que cocreadores con Dios.

El mundo «exterior» responde inmediatamente al mundo
«interior», esto es, la realidad externa refleja al ser.
Se alcanza el amor como fuerza suprema del universo.

Todo lo cual se ha ido desarrollando a lo largo del tiempo, al principio a modo de experiencias y destellos de la verdad aislados, y después con mayor frecuencia. Imaginemos un estudio de laboratorio que monitoriza ininterrumpidamente la conciencia de una persona y en el que los investigadores piden a los sujetos del estudio que aprieten un botón rojo cuando sientan la presencia de Dios. En un estado de vigilia común quizá no aprieten nunca el botón. El primer sujeto no es consciente de Dios, y si siente algo diferente que podría ser Dios, es incapaz de reconocerlo, ignora que puede estar conectado a una fuente superior. Cuando un segundo sujeto se siente particularmente jubiloso, atribuye su estado a Dios y aprieta el botón.

Los investigadores pasan a un nuevo sujeto, una mujer que ha transitado el camino espiritual durante algún tiempo. Ella aprieta el botón con más frecuencia. Se puede interpretar de dos maneras. En primer lugar, la mujer ha aprendido a identificar un estado interior con Dios y, en segundo lugar, espera que este estado retorne. ¿Por qué? Porque su mente ha aprendido a percibir cosas que la gente común no percibe y, cuando esto ocurre, es capaz de aplicar una palabra —Dios— a esa sensación. Pero se trata de una cuestión necesariamente vaga, puesto que las variaciones son numerosísimas. Para algunas personas que recorren el camino, la presencia de Dios significa paz interior y tranquilidad, mientras que para otras supone lo contrario, un repentino éxtasis que potencia todas las sensaciones, inusualmente vívidas.

Los investigadores son gente de mente abierta, aceptan que pueden producirse tantas experiencias como personas hay en el mundo. En vez de definir a Dios de antemano, dejan que sean los sujetos quienes lo definan (teniendo en cuenta que «Él» es un término convencional, no una cualidad de Dios, que se encuentra más allá del género). Después centran el estudio en personas que se consideran muy próximas a Dios. No tienen por qué ser monjas o sacerdotes. Proceden de cualquier ámbito de la vida, pero tienen algo en común: encuentran a Dios en muchas cosas, tantas que aprietan el botón rojo con frecuencia.

Finalmente, si seguimos observando a los sujetos de estudio encontraremos a alguien que mantenga el botón pulsado ininterrumpidamente. Esa persona tiene conciencia de Dios. No hay huecos en su experiencia entre los momentos en que Dios está presente y los que no lo está. Para ese sujeto, Dios supone una realidad constante, como el respirar o el estar despierto. ¿Qué es lo que crea a semejante persona? Ahora no podemos resultar imprecisos, porque ha ocurrido un cambio radical que debe ser comprendido correctamente. Para estar en la conciencia de Dios no basta con apretar el botón cada diez minutos, ni siquiera cada diez segundos. Mientras la mente entre y salga de la experiencia común, el ego conservará un punto de apoyo.

Dios y el ego no son compatibles. Al principio lo parecen. Todos distinguimos los dos lados de nuestra naturaleza. Uno de ellos es el ser dedicado al mundo exterior y a sus exigencias; el otro es el ser interior y privado. El ego trata de controlar ambos lados, pero eso es una ilusión. En el mundo exterior, el ego puede crear todo tipo de situaciones en que el «yo» se juega algo en el resultado. Aspectos generales de la vida, entre los que se incluyen el trabajo, las relaciones y el estatus social, pertenecen al dominio del ego.

Pero en el interior ocurre algo más que un mero reflejo del mundo del ego. Somos conscientes de la belleza y de la verdad. Nos sentimos guiados por la intuición y la comprensión. En algunos momentos aislados intuimos algo más allá. Ninguna de estas experiencias ha sido creada por el ego. De hecho, son su enemigo. Cualquier cosa que permita que vislumbremos una pequeña fracción de la totalidad de la vida, cualquier experiencia que trascienda el «yo, mí, mío» amenaza la vocación de dominio del ego. Ello se debe a que, por definición, «yo» es un ente aparte. Desea ciertas cosas y desestima otras. Quiere hacerse amigo de algunos egos y enemigo de otros. La única cosa que no puede soportar es la realidad de que no existan distintos egos, el hecho de que todo proviene de una única fuente. Jesús trajo este mensaje a la tierra y aunque, de acuerdo con el lenguaje de la época, lo denominó «Dios», las palabras no son lo mismo que la experiencia.

Durante siglos el cristianismo se ha centrado en la reacción que produjo el mensaje de Jesús. Cualquiera que haya sido educado en la fe ha sentido el dolor de Jesús cuando se topaba constantemente con malentendidos, rechazo y persecución. Era lo único que podía hacer para sobrevivir, y no lo logró durante mucho tiempo. Pero centrarse en la reacción que despertó Jesús es eludir la cuestión; convierte la historia de Jesús en otra batalla del ego: el suyo contra el de los demás (a excepción de un puñado de discípulos que comprendieron la verdad). Deberíamos centrarnos en la verdad de Jesús, que trasciende su recepción en el mundo material. En otras formas de fe, como el budismo, se produjeron los mismos malentendidos, pero el terreno era más fértil. Buda no sufrió la persecución; la gente a la que desconcertaba le veneraba de todas formas.

No podemos cambiar la historia cristiana, pero la comprenderemos mejor si dejamos de lado la persecución. Pertenece al mundo del ego, donde la batalla entre la luz y la oscuridad constituye un drama eterno. Jesús entró en ese drama al convertirse en una figura pública, pero no formaba parte del drama a nivel personal. Lo mismo se aplica a cualquiera que alcance la conciencia de Dios. A cierto nivel prevalece la totalidad. Cesa el entrar y salir de Dios, el acercarse y alejarse de él. La experiencia de Dios se convierte en una constante por una única razón: «yo» y «Dios» pasan a ser uno y el mismo. La verdad de Jesús no constituía una colección de comprensiones o de mensajes de Dios. Sus palabras fueron fruto de su estado mental. Debemos ser muy claros al respecto, pues la conciencia de Dios no puede reducirse a lo psicológico. No es lo mismo que sentirse joven o saber que nuestra pareja nos ama. Si siento la presencia de Dios, de algún modo he penetrado en la identidad de Dios y la he hecho mía. De no ser por esta unión, el mensaje de Jesús no sería radical. Jesús sería solo una de tantas personas que aman a Dios y se sienten próximas a él.

Para resultar completamente fiable, el estado de conciencia elevada debe ser tan diferente de la conciencia diaria como el dormir del soñar. Es un tema espinoso. Si alguien afirma que siente la presencia de Dios, ¿se le puede hacer alguna clase de test para comprobar que dice la verdad? Si Poncio Pilatos hubiese dispuesto de un detector de mentiras, quizá hubiese liberado a Jesús. Aunque, por otro lado, podría haber llegado a la conclusión de que un hombre que padece alucinaciones sobre Dios no miente, solo vive engañado. La conciencia de Dios se resiste a la verificación porque hace de puente entre dos mundos. En el mundo material una persona puede parecer inalterada (a excepción de algún escáner cerebral que detecte la iluminación), pero si ponemos el botón rojo al alcance de sus manos será incapaz de registrar un momento en que Dios esté ausente. Es lo contrario a nuestra vigilia común. Para salvar esa distancia de una vez por todas, debemos estar en la conciencia de Dios personalmente.

El Nuevo Testamento nos ofrece a Jesús como ejemplo de una persona totalmente transformada. Pero cuando nosotros alcancemos la conciencia de Dios no seremos Jesús. Cada vida es diferente, y gran parte de esas diferencias las dicta la historia. La llegada de Jesús se entrecruzó con la persecución de los judíos por los romanos. La destrucción del segundo templo en el año 70, que aplastó al pueblo judío y su esperanza de un rescate divino, modeló su historia. Los cuatro Evangelios se escribieron tras el catastrófico acontecimiento, e indudablemente sus autores confiaban en que Jesús y sus promesas eran su mejor esperanza de futuro.

Hoy ninguno de esos factores resulta relevante. Conservamos las mismas palabras —pecado, redención, salvación, Mesías— como monedas desgastadas. Pero en la actualidad el pecado se produce en un contexto radicalmente distinto y mucho más confuso. ¿Es el pecado lo mismo que el crimen, la enfermedad mental, el desarrollo defectuoso del ego, el karma, la naturaleza o una mal programación genética? ¿Es la redención un estado subjetivo que nos hace sentir mejor, ajenos a la neurosis y capaces de explotar nuestro potencial? ¿O supone una huida del ardiente pozo del infierno? No parece correcto aceptar que nuestras necesidades espirituales son idénticas a las de alguien del pasado remoto, por más que las palabras de entonces resuenen todavía en nuestra cabeza.

El significado avanza

Todas las religiones se topan con el mismo problema histórico. Si analizamos la vida de Buda, que habló en términos universales sobre la iluminación, veremos que sus seguidores eran analfabetos, en su mayor parte indios pobres del siglo v a.C. Trabajaban duramente la tierra desde que nacían, y morían jóvenes tras una vida de penurias. No tenían el menor poder sobre sus gobernantes, políticos o espirituales. Los hinduistas de la época de Buda tenían la vida tan organizada como los judíos coetáneos a Jesús, que vivían según prescribían el sinfín de obligaciones impuestas por los sacerdotes. Estos factores dieron forma a su camino espiritual, así que no podemos adoptar automáticamente a nuestros días la visión que les ofreció Buda.

No obstante, lo que sí proporciona la conciencia de Dios es la magia del descubrimiento. En los mapas ya no quedan lugares inexplorados, pero, de haberlos, imagino que los misioneros cristianos penetrarían en una selva tropical de algún lugar del mundo y sorprenderían a los nativos con la historia de Jesús. Los imagino escuchando con los ojos abiertos como platos (como hicimos en nuestra juventud) la historia del hombre que caminó sobre las aguas y regresó de la muerte, que sanaba con las manos y hablaba directamente con Dios. Despertar esa sensación de maravilla en los cristianos actuales, cuyas culturas fueron convertidas siglos atrás, cuesta cada vez más. Afortunadamente, la conciencia de Dios es un estado milagroso por sí mismo. Es el salto en la evolución que Jesús prometió a sus seguidores, algo mucho mejor que escuchar su historia generación tras generación.

Un amigo me comentó recientemente: «Hacía años que no iba a la iglesia. Pero la nostalgia me pudo, así que estas Navidades fui a la misa del gallo. La iglesia está pegada a un monasterio, y cuando entré, el aire estaba cargado de incienso. Los monjes formaban una procesión de togas, un coro de niños invisible cantaba sobre nuestras cabezas. La tenue luz ámbar de las velas iluminaba el lugar. En la puerta había incluso un obispo con su báculo de pastor agradeciéndonos la visita. Tuve la impresión de entrar en un cuadro medieval. Me puse de un humor difícil de describir. La ceremonia elevaba el espíritu y parte de mí no pudo resistirse, pero estoy divorciado y he superado el límite de mis tarjetas de crédito. Jamás recibí respuesta a una plegaria cuando más la necesitaba. Me disgusta el fundamentalismo y me enfado conmigo mismo por carecer de fe. Sentí una añoranza profunda y una gran tristeza, simples retales de antiguos recuerdos».

Las sensaciones que provoca el cristianismo son poderosas pero pasajeras, y brotan casi exclusivamente de la historia de la vida de Jesús. Gran parte de lo que dijo carece de validez en la actualidad. Jesús dijo a sus oyentes que había venido a cumplir una profecía que conocían bien. Un Mesías traería el dictado de Dios a la tierra, y al mismo tiempo se cerraría el círculo de la Biblia. Se recuperaría el paraíso y Jesús conduciría a una nueva raza de Adanes y Evas de vuelta al Edén.

Eso exactamente fue lo que le ocurrió a uno de los seguidores de Jesús que conocemos, san Pablo, quien difundió la noticia de «un nuevo cielo y una nueva tierra» allí donde fue, por toda Palestina, Siria y más allá. Su experiencia de conversión fue espectacular. Pasó de ser un escéptico mundano que perseguía a los primeros cristianos a convertirse en un ferviente creyente. La historia tradicional cuenta que mientras se dirigía a Damasco una luz le cegó y la voz de Jesús le preguntó: «¿Por qué me persigues?». Sin embargo, no es Pablo quien nos cuenta la historia, así que podría estar exagerada. Pero la explosión de espíritu en la vida de Pablo no se ha exagerado. La experiencia de Pablo se convirtió en el modelo para las generaciones siguientes que buscaron la salvación: en un instante el pecador ve la luz y reconoce a Dios. La historia de Pablo también llenó un vacío, pues por mucho que los Evangelios nos hablen sobre Jesús, apenas hacen referencia al camino que lo llevó hasta Dios. Jesús no se convierte en el Nuevo Testamento porque no tenía pecados que redimir. Si sufrió algún proceso por el que descubrió que era el Mesías, los evangelistas no lo recogen y Jesús no hace referencia a haber encontrado a Dios.

Según la cronología de que disponemos, Jesús nace, a los doce años de edad va a Jerusalén con sus padres y luego, cuando tiene unos treinta años, reaparece para que Juan Bautista lo bautice. El episodio que tuvo lugar a los doce años solo aparece en el Evangelio de Lucas y resulta sumamente simbólico. Como todos los años, María y José viajaron a Jerusalén por la Pascua. Probablemente obligados por la ley y la costumbre (por extraño que parezca, por lo visto el Jesús adulto solo entró en Jerusalén una vez y, por tanto, incumplió tanto la ley como la costumbre). Al final de la Pascua sus padres emprendieron el viaje de vuelta a Nazaret, durante el que descubrieron que Jesús ya no formaba parte del grupo: se había quedado en Jerusalén. Inmediatamente dieron media vuelta y fueron a buscarle. Tres días después le encontraron escuchando a los sacerdotes y maestros del templo.

De momento, el elemento simbólico más obvio son esos tres días, que prefiguran los tres días que transcurrirán entre la muerte y la resurrección de Cristo; aunque a un nivel más profundo, la historia también es la misma: Jesús desaparece y luego vuelven a encontrarlo. Cuando sus padres le ven entre sacerdotes y maestros —«oyéndolos y preguntándoles. Y todos los que lo oían se maravillaban de su inteligencia y de sus respuestas» (Lucas 2, 46–47)—, su madre le reprende por haberles abandonado: «"Hijo, ¿por qué nos has hecho esto? Tu padre y yo te hemos buscado con angustia". Entonces él les dijo: "¿Por qué me buscabais? ¿No sabéis que en los negocios de mi Padre me es necesario estar?"» (Lucas 2, 48–49).

Aquí ya escuchamos la voz del Jesús adulto, sumamente seguro de su identidad. Sin embargo, María y José aún le veían desde su papel de padres: «Pero ellos no entendieron lo que les dijo. Descendió con ellos y volvió a Nazaret, y les estaba sujeto. Su madre guardaba todas estas cosas en su corazón» (Lucas 2, 50–51).

El evangelista nos muestra otro rasgo del Jesús adulto, su mansedumbre. Pero a partir de ese momento ya no sabemos nada más de la biografía del Mesías, salvo una pista que hallamos en el versículo siguiente: «Y Jesús crecía en sabiduría, en estatura y en gracia para con Dios y los hombres». Lo que equivale a decir que, pese a su precoz sabiduría, el joven Jesús era capaz de crecer aún más. De modo que siguió un camino, pero desconocemos la naturaleza de esa senda. En comparación, el camino que recorrió Buda, de príncipe mimado a El Compasivo, está plagado de detalles humanos (la mayor parte de los cuales fueron extraídos de leyendas, mitos, y cuentos locales cientos de años después del momento en que supuestamente ocurrieron).

El rescate es la unidad

Quizá la historia difumine la biografía de Jesús, pero no puede apagar la luz. El rescate prometido a los judíos del siglo primero tiene carácter universal. Puede que no seamos el pueblo elegido que espera a ser rescatado de la persecución de los romanos, pero a nuestra manera esperamos ser salvados. Los Evangelios dicen una verdad que la gente aún quiere escuchar, porque ciertos condicionamientos nunca cambian. La gente aún sufre y se siente abandonada. Continúa anhelando una realidad trascendente. Y, sobre todo, todavía no se ha abordado el problema de la separación. Todos los problemas que derivan del ego y su desesperado aislamiento entorpecen la existencia individual. El rescate que la gente necesita en la actualidad no vencerá al César, pero conquistará la dualidad. Jesús simbolizaba el ser trascendente que convierte al ego en irrelevante y transformará la dualidad en unidad con Dios.

La unidad continúa siendo un misterio en la actualidad, y muchas de las personas que se encuentran en el camino espiritual son incapaces de prever adónde les lleva. Suponen que el objetivo de la búsqueda es encontrar más felicidad, serenidad y sabiduría. Jesús nos presenta una visión genuina del objetivo. «Unidad» no es más que un concepto abstracto hasta que conectamos con la descripción de Jesús de la experiencia real. A continuación se resumen las mejores pistas de que disponemos:

Jesús se vio más allá de la muerte: «Y yo estoy con vosotros todos los días, hasta el fin del mundo» (Mateo 28, 20).

Consideraba que sus enseñanzas trascendían la historia, incluso el tiempo: «El cielo y la tierra pasarán, pero mis palabras no pasarán» (Mateo 24, 35).

Aglutinaba a todo el mundo en su ser: «Ya vosotros estáis limpios por la palabra que os he hablado. Permaneced en mí, y yo en vosotros» (Juan 15, 3–4).

Consideraba que la unidad era la única manera de escapar de la muerte y la destrucción: «...porque separados de mí nada podéis hacer. El que en mí no permanece será echado fuera como pámpano y se secará; y los recogen, los echan en el fuego y arden» (Juan 15, 5–6).

Sintió que el amor era divino: «Como el Padre me ha amado, así también yo os he amado; permaneced en mi amor» (Juan 15, 9).

Todos los interrogantes espirituales acababan en él: «Toda potestad me es dada en el cielo y en la tierra» (Mateo 28, 18).

Tradicionalmente, estos pasajes (y docenas de otros similares) secundan la convicción de que Jesús se consideraba el Mesías, pero pueden interpretarse también como expresión natural de un hombre en la unidad. Jesús no nos dice cómo llegó a la unidad, y por lo tanto no disponemos de una comparación entre el antes y el después. Buda, por otro lado, sí nos ofrece la dramática historia sobre su vida de príncipe y guerrero antes de alcanzar la iluminación, aunque, igual que Jesús, apenas incluye referencias personales una vez ha alcanzado la unidad.

Ciertas cualidades de la unidad se hacen evidentes. La unidad es:

Impersonal
Poderosa
Imperecedera
Absolutamente sabia
Creativa
Cariñosa

Los cuatro Evangelios pueden confundirnos en muchos aspectos, pero no en estos. En Jesús vemos a una persona en la que el pequeño «yo» se ha fusionado con el «yo» universal, y cuyo comportamiento refleja ese cambio.

Esta es también la razón por la que Jesús resulta tan esquivo, ya que la unidad no posee cualidades que puedan traerse a la tierra y hacerlas humanas. El cristianismo ha hecho todo lo posible por humanizar a Jesús porque no somos capaces de concebir a alguien tan absolutamente trascendente que incluso nuestras más preciadas cualidades, como el amor y la compasión, se queden cortas ante su realidad. En la India la tradición de la unidad es más antigua y experimentada; no gustar a la muchedumbre no despierta tanto pánico. En ese contexto, la unidad se describe en términos menos humanos, tales como:

No nata
Inmortal
Infinita
Ilimitada
Inefable
Incognoscible para la mente y los cinco sentidos

Ahora estamos eliminando todo aquello con lo que nos identificamos como seres humanos. Tú y yo aceptamos que nacimos y que moriremos. Una persona en unidad cree que las apariencias nos han engañado, que solo el cuerpo físico nace y muere. Tú y yo sentimos que nuestra capacidad de acción es limitada; valoramos nuestra habilidad para expresar quiénes somos y cómo nos sentimos; respetamos ciertos límites y nos asusta aventurarnos más allá. Una persona en unidad considera que estos factores son ilusorios.

Si Jesús estaba en la conciencia de la unidad —como repitió una y otra vez—, debemos aceptar que no podemos abarcar su experiencia a partir de la nuestra. Aunque es tentador. Yo amo a mis hijos, Jesús dice que me ama, por lo que Jesús me ama como yo amo a mis hijos. No, en este caso la ecuación no funciona. Jesús me ama de una manera que seré incapaz de imaginar hasta que alcance la unidad. Me invita a seguir el camino espiritual para encontrar algo más allá de las palabras, más allá incluso que sus propias palabras. La unidad es el destino que se libera del destino, el destino que borra todo lo anterior y lo posterior. Por más que se reformule, la unidad tan solo es comparable a sí misma. El milagro, y la dicha, es cuán bellamente Jesús presentó el objetivo, incluso a una humanidad ciega.

¿QUÉ HARÍA JESÚS?

No podría concluir este libro sobre Jesús sin haber profundizado en la crisis social a la que actualmente se enfrenta el cristianismo. No solo en Estados Unidos; en todo el mundo la fe ha sido secuestrada por fuerzas sociales que violan la enseñanza de Jesús incluso mientras proclaman que la defienden. Una religión basada en el amor ha sido peligrosamente redirigida hacia el odio, aunque desde los púlpitos de las iglesias fundamentalistas no se predique el odio a las claras. Se predica la intolerancia ciega.

Recientemente vi en televisión un programa de noticias dedicado a una nueva corriente educativa; las facultades de derecho cristianas. Insatisfechos con doscientos años de separación entre Iglesia y Estado y con el hecho de que la Constitución no mencione ni una sola vez a Dios, los fundamentalistas están adoptando una nueva táctica. Enseñan a los estudiantes que las leyes penales y civiles se basan en los mandamientos de Dios. En el reportaje entrevistaban a una alumna recientemente licenciada de una de esas facultades de derecho, una joven sonriente que decía: «No pretendemos adoctrinar a nadie, sino compartir la verdad y basarnos en ella en nuestra vida cotidiana». Con su ademán moderado y razonable parecía lo opuesto al estereotipo de la intolerancia. Pero en cuanto pronunció la palabra «verdad», se produjo un silencio que no auguraba nada bueno. Continuó diciendo: «Creo en la verdad absoluta. No en una verdad gris o relativa. La verdad absoluta está donde está la palabra de Dios». No alteró sus maneras moderadas, pero inconscientemente había entrado en la peligrosa morada del fanatismo. Era el día de la graduación en su facultad de derecho de Virginia, que ha enrolado a más de cien alumnos en las filas del gobierno federal gracias a un ferviente fundamentalista que se encarga de las contrataciones para la rama ejecutiva de Washington.

Otros licenciados hablaron con seguridad sobre cómo «la Palabra de Dios» es el fundamento último de la ley en todas las épocas y los lugares. Este grupo de jóvenes abogados cristianos es ambicioso, está dispuesto a abolir los derechos de los homosexuales y la ley del aborto, a oponerse a la investigación de las células madre, a inmiscuirse en la oración escolar y otros muchos asuntos. ¿Les ha dicho alguien que la palabra de Dios (o sea, la Biblia) no puede participar en un estado secular o que Dios tiene otras caras además de la cristiana? Han sido traicionados por gente mayor que les asegura que «la Palabra de Dios» refrenda la política reaccionaria.

Cuando leemos titulares sobre palizas a homosexuales o violentos ataques a clínicas abortistas, los medios de comunicación se cuidan muy mucho de no conectarlos directamente con el dogma fundamentalista, pero en muchos casos se trata de una simple formalidad. A la sociedad, eso de «las dos versiones de una misma historia» la ha llevado a creer que la intolerancia es el otro lado de un debate social abierto y, quizá, el más virtuoso de los dos. A fin de cuentas, los fundamentalistas cristianos proclaman su devoción por la vida, los valores familiares y la observancia religiosa.

Esta crisis podría dañar gravemente al cristianismo. En todas las confesiones, las fuerzas reaccionarias y las progresistas se enfrentan por el poder, y hay que buscar con lupa para encontrar un caso en el que los reaccionarios no estén ganando la batalla. Equiparan interpretar la Biblia literalmente con ser buen cristiano, a pesar de la cantidad ingente de pruebas —de las que este libro menciona solo algunas— que demuestran que con el correr de los siglos las enseñanzas de Jesús se han confundido, ocultado, alterado, corrompido o perdido. Los intentos por retornar al origen puro del cristianismo están condenados desde el inicio, algo que solo sirve para alimentar el celo fundamentalista.

La trágica ironía que se esconde tras esta crisis queda patente en uno de los eslóganes favoritos de los fundamentalistas: ¿Qué haría Jesús? Esta pregunta se ha convertido en una habitual de las pegatinas y las campañas electorales. Ya ha perdido la fuerza de la novedad, pero innumerables cristianos (y no solo los fundamentalistas) la utilizan como piedra de toque moral. Han recuperado, quizá sin saberlo, la tradición medieval del *Imitatione Christi,* es decir, adoran a Cristo imitándolo.

¿Por qué es preocupante? En principio, la imagen del Jesús amable, compasivo, cariñoso y magnánimo parece un modelo impecable de moralidad. Pero ya hemos visto que Jesús no encaja con esa imagen simplista. Si analizamos los debates más intensos que en la actualidad dividen al cristianismo, descubriremos que los cuatro Evangelios no proponen soluciones claras. De hecho, consultar nuestras difíciles elecciones morales a Jesús solo sirve para empeorar el amargo conflicto que rodea a temas como los derechos de los homosexuales y el aborto. Aquel que pregunta en serio «¿Qué haría Jesús?», lo primero que debería plantearse es «¿Qué haría Jesús respecto al desorden en que se haya sumido el cristianismo?».

El aborto. El debate del aborto navega entre dos mundos, el laico y el religioso. La mayoría de nosotros sentimos que tenemos un pie en cada uno, y eso enmaraña la cuestión desde el comienzo. Hablamos en dos idiomas distintos y sin traducción posible. En términos laicos, poner fin a un embarazo es un procedimiento médico y una decisión que se toma por razones personales o biológicas. En términos legales, la mujer tiene todos los derechos sobre lo que ocurre en su cuerpo. El feto no nato representa una forma primitiva de vida, apenas algo más que un amasijo de células si la decisión de abortar se toma pronto. En términos morales, la postura laica defiende que la decisión corresponde a la mujer y la familia más inmediata, junto con el hombre afectado. Hay incluso quien lo considera un asunto privado que atañe a la mujer y a nadie más.

En términos religiosos, ninguno de estos argumentos convence a los cristianos conservadores. Durante siglos la Iglesia católica ha considerado que el feto es sagrado desde el momento de la concepción. El fundamentalismo ha adoptado esa postura pero no la ha inventado. Las dos sectas comparten extrañas alianzas. En el caso del fundamentalismo, las

Escrituras son el origen de toda verdad, porque solo las Escrituras son genuinamente divinas. Por otro lado, la Iglesia católica ha ido añadiendo textos a las Escrituras desde el principio, y el significado literal del Nuevo Testamento conforma solo el núcleo de la fe. Huestes de santos, concilios eclesiásticos, sabios teólogos y papas han alterado las enseñanzas de Jesús asumiendo su autoridad. Por tanto, aparentemente debería existir un profundo antagonismo entre católicos y fundamentalistas. Para ponerse de acuerdo respecto al aborto, han tenido que pasar por alto una larga y rencorosa rivalidad.

Argumentar que Jesús condenaría el aborto significa que uno ha adoptado a un Jesús muy específico, el rabino ortodoxo que advierte a sus seguidores que deben obedecer la ley de Moisés. Sin duda, ese Jesús existe y, aprovechando que el Antiguo Testamento condena el aborto, los antiabortistas se permiten pasar por alto un problema significativo: Jesús no menciona el aborto. Puestos a entrar en materia, Jesús ni siquiera menciona otras cuestiones críticas concernientes al debate del aborto, como cuándo entra el alma en la criatura, cómo priorizar la salud de la madre o la supervivencia del feto, o quién ostenta los derechos sobre el cuerpo de la mujer. Jesús no nos sirve para disociar el lenguaje laico del religioso.

Hay más de un Jesús, y el que obedece estrictamente la ley de Moisés no es el que perdona y se muestra tolerante. Ni es el Jesús que reprende a los fariseos por obedecer la letra de la ley y desdeñar su espíritu. Los fundamentalistas obvian a ese Jesús. Si prefieren al Jesús estricto, ¿qué pasa con su total condena del divorcio? Y está también el Jesús místico, que consideraba el mundo material como una ilusión y que negó explícitamente haber venido a solucionar los asuntos del mundo. Cuando le dijo a Pilatos que su reino no estaba en la tierra, hablaba en términos globales. Se mire como se mire, Jesús no sirve de justificación a la causa antiabortista a menos que se acepte que la doctrina de la Iglesia habla por él.

Los derechos de los homosexuales. El cristianismo tiene una larga tradición de condena a la homosexualidad. Una vez más, la restricción proviene del Antiguo Testamento, ya que Jesús no se pronunció al respecto. No se puede limitar a Jesús a las convenciones de su época. Pues aunque respeta las costumbres de su tiempo, también las critica. La parábola del buen samaritano resulta especialmente relevante en este sentido: un hombre yace herido en una cuneta y todas las personas honradas que le ven pasan de largo; solo un samaritano, miembro de una clase despreciada, le ofrece ayuda. Si los fundamentalistas quieren seguir el ejemplo de Jesús, esta enseñanza les demuestra que estaba del lado de los despreciados.

Hace poco un amigo me comentó un encuentro que había tenido con un sacerdote episcopaliano. «Ocurrió hace unos años, cuando los episcopalianos votaron a favor de nombrar obispo a un homosexual. Saqué el tema con un párroco local y le pregunté qué había votado. "En contra", me contestó severamente. Le pregunté por qué. "Porque el estilo de vida de los homosexuales va contra los deseos de Dios", repuso sin vacilar. Le pregunté cómo sabía qué estilos de vida iban en contra de los deseos de Dios, dado que Jesús no hace referencia a la homosexualidad. "Tenemos el Antiguo Testamento", me dijo "y además, estas cosas simplemente se saben". No soy un cristiano devoto, pero su seguridad me sorprendió.

"¿Y qué hay de la poligamia?", quise saber. "¿Y de la práctica de divorciarse de una mujer rechazándola y echándola a la calle? Por no mencionar la absoluta subyugación de las mujeres. También figuran en el Antiguo Testamento, ¿no es verdad? ¿Estos estilos de vida no van también en contra de los deseos de Dios?" Me miró impertérrito. "Los tiempos cambian", murmuró. "Exacto", repuse yo».

Mi amigo había adoptado la postura racionalista. Las costumbres cambian con el tiempo, por lo que no es de justicia admitir el cambio solo cuando nos parece bien y condenarlo citando la autoridad bíblica cuando no lo aprobamos. Esta es exactamente la clase de hipocresía de la que Jesús acusó a los sacerdotes: ajustar la ley para que encaje con sus prejuicios. ¿Es posible ir todavía más lejos y afirmar que Jesús no habría considerado la homosexualidad un pecado? Es discutible, porque Jesús vino al mundo a perdonar todos los pecados. Durante la última cena aseguró explícitamente que su sangre sería derramada en señal de una nueva alianza entre el hombre y Dios, y que esa nueva alianza implicaría el perdón del pecado. No necesitamos las elucubraciones de nadie acerca de si Jesús hubiese condenado o no la homosexualidad. Sabemos que los que le flanqueaban en la cruz eran pecadores, y sin embargo Jesús les ofreció entrar en el Reino de Dios sin condenar ni aprobar su conducta. No hay que pasar una prueba de fuego para merecer la gracia de Dios.

Los derechos de la mujer. Para muchos cristianos conservadores, las mujeres son miembros de segunda clase de la Iglesia, si no menos. Los episcopalianos se encuentran tremendamente divididos no solo respecto a los derechos de los homosexuales, sino también en cuanto al derecho de las mujeres a ejercer el sacerdocio. La Iglesia católica no da señales de querer reformar la regla que impone que los sacerdotes deben ser hombres solteros célibes. Todo ello pese a que durante los seis siglos inmediatamente posteriores a la muerte de Cristo los sacerdotes no tenían por qué ser célibes y en muchas sectas gnósticas las mujeres disfrutaban del mismo estatus que los hombres en los servicios eclesiales, en que la inspiración directa la recibía espontáneamente cualquier miembro de la congregación.

En la época de Jesús el tema de los derechos de la mujer no existía tal como hoy lo entendemos. Su defensa más conocida de una mujer consistió en perdonar los pecados a «la mujer sorprendida en adulterio». El incidente, recogido en el Evangelio de Juan, podría hacer referencia a María Magdalena, pero no son más que conjeturas. Los Evangelios Gnósticos que se descubrieron a finales de la década de 1940, aunque no se dieron a conocer al público hasta treinta años después, escandalizaron a los cristianos devotos con pasajes en que María Magdalena pasa a ser un discípulo destacado. Jesús se pone de su lado en una disputa con Simón Pedro y llega incluso a recriminar a Pedro por su actitud contra las mujeres.

Ese papel prominente de María Magdalena entre los discípulos invierte drásticamente la tradición cristiana, pero también saca a la luz la batalla que el perdón ha perdido en el seno de la Iglesia. Las mujeres han arrastrado la mácula del pecado de Eva desde los albores del judaísmo. (Algunos eruditos bíblicos encuentran el origen de esta mancha en las primitivas migraciones durante las que los judíos contactaron con otras civilizaciones que adoraban a una diosa. Los judíos querían diferenciarse de manera inequívoca de esos otros pueblos, y convertir a la mujer en fuente de todo mal sin duda lo conseguía.) La historia de Eva estableció un sistema de creencias que perduró hasta la era cristiana. Las mujeres eran débiles, proclives a la tentación. Su encanto sexual era un defecto moral que las enfrentaba a Dios.

Los cristianos primitivos declararon a Cristo el nuevo Adán, pero se aferraron ferozmente a la antigua Eva de siempre. Las costumbres sociales demostraron ser más fuertes que el Mesías, y por tanto en la época de Pablo, apenas unas décadas después de la crucifixión, ya casi no se hacían esfuerzos por perdonar a las mujeres su pecaminosa naturaleza. Al contrario, Pablo adopta la idea como parte del sistema oficial de valores de la Iglesia.

Con el fin de contrarrestar la imagen de Eva, nació el ideal de María. En el Ave María, la frase «llena eres de gracia» hace referencia a la doctrina de la Iglesia que la exime del pecado original. Otras mujeres no tuvieron tanta suerte. De hecho, se les negaba la gracia excepto a través de Jesús. Ni siquiera María estaba libre de toda sospecha. La Iglesia reconoció la festividad de la Inmaculada Concepción en el siglo xv, pero dejó claro que los católicos podían decidir personalmente si creían en la pureza de María o no. No fue hasta 1854 cuando un papa convirtió en dogma sagrado la Inmaculada Concepción. (Aclaremos un punto a menudo confuso: la Inmaculada Concepción no es lo mismo que el alumbramiento virginal. Lo primero se refiere a que María estaba libre de pecado, y lo segundo a la concepción de Cristo sin unión carnal.)

Por consiguiente, las mujeres cristianas están atrapadas entre Eva y María: vilipendiadas o idealizadas. Esta situación no permite mucho margen de maniobra. Pero desde el punto de vista racional las mujeres no son las hijas de Eva; su sexualidad no es pecaminosa; su proximidad a Dios es la misma que la de los hombres. Para alguien ajeno a la fe, todo esto resulta evidente. Pero la religión depende de una perspectiva del mundo que no es consecuente con la razón. El milagroso mundo de Jesús no es razonable, y un creyente devoto se vuelve inmune a los argumentos del mundo laico. Eva y María son diametralmente opuestas, pero el legado de ambas es sobrenatural. De no ser por una mujer, el mal no habría entrado en el mundo, pero tampoco la salvación milagrosa. La mujer es capaz del más abominable pecado y de la máxima expresión de pureza.

En este sentido los fundamentalistas se adelantan a muchos otros cristianos. Al tratarse de un movimiento protestante, el fundamentalismo ha abandonado la intercesión de la Virgen María y apenas dedica culto al santoral. Las mujeres predican con libertad en muchas sectas, y la tradición pentecostal permite que cualquiera, independientemente de su sexo, reciba el don de lenguas, un legado que se remonta al gnosticismo. No deja de resultar irónico que la rama más reaccionaria del cristianismo sea la más progresista en cuanto a los derechos de la mujer.

La guerra. La mezcla entre patriotismo y religión siempre ha resultado letal, pero es al mismo tiempo muy habitual. Jesús es quizá la figura que menos justifica una guerra en su nombre. La palabra «paz» aparece 344 veces en la Biblia, y para un pueblo flagelado por los conflictos como es el judío, cuya historia va inexorablemente ligada a la violencia que se ha ejercido en su contra, el Mesías fue un pacificador. En cambio, la palabra «guerra» aparece 231 veces en la Biblia, dejando aparte los sinónimos como «batalla» o «conflicto», pero ninguna en los cuatro Evangelios. (La palabra «guerra» aparece sobre todo en el Apocalipsis, que describe la guerra entre el bien y el mal, en la que participan los cuatro jinetes: Satanás, el arcángel Miguel, las huestes de ángeles y demonios, y el propio Cristo.)

Al predecir la llegada del Mesías, el profeta Isaías declara: «Lo dilatado de su imperio y la paz no tendrán límite sobre el trono de David y sobre su reino» (Isaías 9, 7). En los Salmos se ruega constantemente a Dios por la paz y, aunque el objetivo principal sea la paz política, también se hace referencia a la paz personal y universal. Cuando Jesús vino a traer la paz, su misión comenzó con los judíos pero se extendió de manera natural a todo el mundo.

La primera vez que Jesús utiliza la palabra «paz» es en la versión de Mateo del Sermón de la Montaña: «Bienaventurados los pacificadores porque serán llamados hijos de Dios» (Mateo 5, 9). En el siguiente libro del Evangelio, Jesús hace una declaración incendiaria y contradictoria: «No penséis que he venido a traer paz a la tierra; no he venido a traer paz, sino espada» (Mateo 10, 34); una afirmación inquietante a la luz de las ocasiones en que Jesús se llama a sí mismo «pacificador». La aclaran un poco sus alusiones a la agitación que sigue cuando la gente se ve expuesta a la verdad divina. Simbólicamente, la espada de Jesús podría ser la que provoca la agitación y la transformación de la vida interior de la gente. O quizá simplemente desconocemos el contexto en el que hablaba Jesús.

Todo el mundo, no solo los fundamentalistas, podría caer en la tentación fácil de asumir que Jesús apoyaría una «guerra buena», una que contase con el visto bueno de Dios. Las

Escrituras contradicen este supesto. En ausencia de guerra, la paz queda constantemente resaltada. «Id en paz» o «Que la paz sea con vosotros» son frases mucho más representativas de Jesús. De las 23 veces que utiliza la palabra «paz» en los Evangelios, la mitad de las veces adopta esta forma. Cuando Jesús nació, los ángeles declararon la paz en la tierra y la buena voluntad entre los hombres. El concepto aparece principalmente en sus enseñanzas, junto con el término «amor», expuestas con suma claridad. Así, Jesús instruye a sus discípulos: «En cualquier casa donde entréis, primeramente decid: "Paz sea a esta casa"» (Lucas 10, 5). En el actual clima político de Estados Unidos se invoca regularmente a Dios para justificar la guerra contra el terrorismo islámico. La idea de que Dios apoya la guerra deriva de la beligerancia del Jehová del Antiguo Testamento, y me parece significativo lo poco que se invoca a Jesús en la lucha contra al-Qaida. Tal vez la dedicación del Mesías a la paz avergüenza al cristianismo moderno y por ello se prefiere invocar a Dios.

Mis pensamientos me llevan de nuevo a la sonriente joven licenciada por la facultad de derecho cristiana. En cierto momento dijo: «Creo en la verdad absoluta. No en una verdad gris o relativa. La verdad absoluta está donde está la palabra de Dios». ¿Es consciente de lo mucho que recuerda a la ideología de los yihadíes, para quienes la verdad es tan absoluta y de origen tan divino que se convierten gustosos en bombas suicidas? El mayor peligro de invocar a una deidad para hacer la guerra es que el otro bando está haciendo lo mismo. En cuanto la guerra se convierte en un choque entre absolutos, no queda espacio para la misericordia. La verdad absoluta es verdad ciega. Cuando ideologías rivales se enfrentan porque creen estar en posesión de la verdad, caen en la misma trampa: la guerra en nombre de Dios se aleja todo lo concebible de esa verdad. Las infernales condiciones de la guerra no pueden justificarse en términos espirituales.

Seamos sinceros. No es probable que los lectores de este libro sean cristianos fundamentalistas. Además, los defectos de la derecha religiosa han sido ampliamente aireados, así que ¿por qué repetirlos otra vez? Porque la crisis del cristianismo nos reta a actuar. Hace veinticinco años, muy pocos supieron ver que las fuerzas religiosas reaccionarias se volverían tan vociferantes y poderosas como son en la actualidad. Las divisiones sociales son hoy más amargas que nunca. Así las cosas, llevar a la práctica el mensaje de Jesús no podía ser más pertinente.

¿Qué haría Jesús? No me cabe la menor duda de que no trataría los asuntos morales de acuerdo a un código preestablecido o a la autoridad eclesial; no toleraría la presión social; no se apresuraría a situarse por encima de aquellos que son considerados pecadores. Los que hacen cualquiera de estas cosas no están motivados espiritualmente. Caen en la mayor bajeza de la naturaleza humana, la tendencia a condenar y castigar a todo el que sea diferente. Nosotros no podemos cambiar el comportamiento de la derecha religiosa, pero la reacción pasiva de los cristianos moderados y liberales, que sufren en silencio o sencillamente miran a otro lado, es contraproducente.

El crecimiento personal se alcanza actuando de acuerdo con la visión espiritual de cada uno. Si Jesús es nuestro modelo de grandeza espiritual, sus principios dibujan una senda que conduce a la acción:

Valor. Jesús fue valiente ante la adversidad. Dio por sentado que si se alzaba contra las malas acciones, se acercaría a Dios. Jesús engloba más de un arquetipo, pero su coraje le convierte en héroe. El héroe comienza siendo un hombre solo contra el mundo, pero acaba representando a un mundo nuevo. El enemigo del valor es el miedo, que se esconde tras numerosas máscaras. Uno puede tener miedo de ser diferente o de fracasar; puede tener la humillación o el ostracismo. Pero todos esos miedos no son más que reflejos de una única condición: la vida limitada. Los intolerantes pueden parecer valientes, pero, puesto que su lucha consiste en levantar murallas para dejar fuera a los demás, actúan siempre desde el miedo. Cuando comprendemos este hecho, el camino espiritual se abre. Descubrimos que un único objetivo —vencer al miedo— constituye el propósito principal de cualquier búsqueda. El valor renueva al ser por la superación de las limitaciones.

Decir la verdad. Como la verdad libera a la gente, Jesús usa la verdad como motor del cambio. Cuando dices la verdad, hablas a la verdad de los demás. Quizá los demás se oculten de su propia verdad, pero tú buscas liberarlos y durante el proceso fortaleces tu verdad. Aquí las palabras cruciales son «tu verdad», que es personal, relativa y nunca idéntica a la verdad absoluta de Dios. Pero afirmar que la verdad es relativa no equivale a decir que sea débil. Relativo hace referencia al hecho de que todos tenemos una perspectiva propia y somos incapaces de ver el mundo a través de los ojos de los demás.

Simpatía y tolerancia. En una sociedad dividida abundan las razones para no simpatizar con los demás. Son de sobra conocidas por todos. Nos sentimos seguros con los que son como nosotros, gente de mentalidad similar a la nuestra, que nos reafirma en la idea de que «nosotros» tenemos razón y «ellos» están equivocados. Cuesta ver la verdad: no es que usted y los que piensan como usted tengan razón, sino ocurre simplemente que están de acuerdo. Imagina a las personas cuyos valores colisionan frontalmente con los tuyos; ellos y los que son como ellos están igual de seguros que tú de tener razón.

No es fácil de asumir, pero nada es más importante. Dos bandos opuestos son equivalentes en el nivel del «Yo tengo razón y tú estás equivocado». Esa voz proveniente del ego es enemiga del crecimiento espiritual. El ego se niega a ceder su certeza, aislamiento, competitividad y antagonismo. Jesús comprendió el problema claramente, y su respuesta —una de las respuestas más consistentes que ofreció— consistió en observar el mundo desde el punto de vista de los más humildes, débiles y pobres.

Jesús enseñó la humildad no solo como antídoto contra el orgullo, sino como otra manera de hallar la libertad. El ego, con todos sus deseos, temores, ambiciones, gustos y aversiones, domina la existencia de cada uno, y en consecuencia casi nadie ve la verdad: que el ego es una pesada carga. Sus preocupaciones son interminables, sus ansiedades ineludibles. Sus triunfos, pasajeros, y su aislamiento, agobiante. Para que sus seguidores viesen claramente la verdad, Jesús quiso que experimentasen cómo sienta la impotencia, ser olvidado y desconocido. En otras palabras, ser el último. El ego no soporta ser el último, pues su meta principal es ser el primero.

Mientras escribo este libro, los fundamentalistas religiosos disfrutan de gran peso político; pese a conformar una minoría social, la derecha religiosa ha perseguido el poder con dedicación y disciplina. El esquema mental fundamentalista ve a los suyos marginados, oprimidos e incomprendidos. En un sentido que nada tiene que ver con la enseñanza de Jesús, los últimos son ahora los primeros. ¿Podemos simpatizar con esa visión? Por supuesto que sí; todos hemos experimentado suficientes fracasos y rechazos para saber qué se siente al ser el último. No se trata de juzgar a la derecha religiosa. Semejante comportamiento no solo no sería iluminado, además resultaría una estrategia contraproducente. El lema que guía a los fundamentalistas es «Mientras nos odiéis, no nos marcharemos».

¿Logrará la simpatía que abandonen? No, pero suavizará y con el tiempo acabará con su rigidez. Nada derriba murallas mejor que la aceptación. Al abrazar a los pobres y a los débiles, Jesús les redimió ante sus propios ojos. Aportó a sus vidas aquello que no eran capaces de crear por sí mismos: la sensación de valía. En cada fase de nuestro crecimiento espiritual, cada uno de nosotros puede realizar el mismo regalo. Podemos ver en los demás una valía mayor que la que ellos se reconocen.

Amor y perdón. La crisis actual tiñe estas palabras de un regusto amargo. La derecha religiosa se congratula de difundir el mensaje de amor de Jesús mientras practica la condena y la exclusión social. Es, sin duda, la mayor de las ironías, agravada además por la futilidad de recurrir al amor para cambiar dicha intolerancia. ¿Qué tiene de bueno tolerar a los intolerantes? Cuando los fundamentalistas comenzaron sus incursiones en los satisfechos y adormilados distritos de los luteranos, los metodistas y los episcopalianos, fueron recibidos con educada consternación. Cuando continuaron presionando, dejando claro que los homosexuales, el sacerdocio en las mujeres y el aborto resultaban intolerables para los «buenos cristianos», la consternación dio paso a la confusión. Los cristianos moderados trataron de encontrar puntos de coincidencia para alcanzar una serie de acuerdos mesurados, pero estas tácticas resultan infructuosas cuando la persona que se sienta al otro lado de la mesa de negociación se muestra inamovible.

Entonces, ¿qué queda por hacer? La paradoja del amor cristiano no es nueva, y la Iglesia ha incumplido una y otra vez el mandato de «amar al enemigo». Este fracaso la ha llevado a no hablar en contra de la guerra, la intolerancia y la estigmatización de las minorías sociales. Ya que ninguna autoridad superior lo hará por nosotros, nos corresponde a ti y a mí resolver el problema. El reto no es sencillo. Ni se reduce a una simple respuesta. Debemos confiar en nuestra capacidad para amar mientras crecemos espiritualmente. En los estados superiores de conciencia, el amor es poderoso. El cambio nacido de la falta de amor no soluciona nada. Dos personas que odian mutuamente sus respectivas opiniones son el reflejo de un mismo dilema; no importa si una de ellas es fundamentalista y la otra liberal. El amor es muchas cosas, pero dos destacan sobre las demás: la verdad y la experiencia. Jesús dijo que experimentando la verdad del amor crecemos más allá del no amor y de la no verdad.

A comienzos del siglo xxi, hay no amor y no verdad de sobra para todos. Tú y yo sabemos a quién no perdonamos en realidad y a quién fingimos tolerar. Sabemos qué se siente al ocultarse tras una máscara por razones sociales que poco tienen que ver con nuestros sentimientos más profundos. La espiritualidad consiste en alejarse de esos apuros. El alma ama y perdona automáticamente; ve más allá de las divisiones, por profundas que sean; no porta máscaras. Y el alma no es una meta lejana, sino un aspecto oculto del yo. Al final, todas las crisis son asuntos pasajeros. Los pormenores del debate en torno al aborto parecen extremadamente importantes en la actualidad; el hecho de si los bebés no bautizados iban al infierno era igual de importante hace tres o cuatro siglos.

Jesús enseñó que el momento es efímero. El que gane hoy perderá mañana y viceversa. El espacio que deja libre un problema resuelto lo ocupará inmediatamente otro problema nuevo. En un mundo en el que ganar y perder son los dos lados de la misma ilusión, existe una tercera vía. Aprovechemos la crisis de hoy para el crecimiento de mañana. Es de cristianos participar con amor. Cuando no te implicas, no experimentas tu yo auténtico; no percibes tu nivel de amor, tolerancia y perdón, así como tu verdadero nivel de prejuicios e intolerancia. Los conflictos externos sirven a este propósito —y solo a este— en el sendero espiritual. Reflejan el estado de conflicto interno que necesita ser sanado, y de este modo descubrimos cuánta distancia nos separa de nuestra alma.

Ahora somos capaces de observar el cisma del cristianismo no como otra cansina batalla política ni como una competición entre el bien y el mal. Se trata más bien de un drama proyectado desde el mundo interior hacia el exterior. Tú y yo nos inmiscuimos en el drama porque también es nuestro. Teníamos que implicarnos como parte de nuestro contrato espiritual. El opresor y la víctima, el malhechor y el agredido, el débil y el poderoso, todos ellos existen en mí. Soy incapaz de resolver cada división, pero al nivel del alma he resuelto las que necesito para seguir avanzando por el momento en mi camino. ¿Qué haría Jesús en mi caso? Continuaría recorriendo el camino. Manifestaría todo el valor, la verdad, la simpatía y el amor de que disponía. No fingiría ser lo que no es. El Hijo del Hombre se mostró más humano cuando reflejó los conflictos cotidianos, un plano de existencia que conoció íntimamente incluso cuando se elevaba por encima de él. Tu objetivo y el mío no es imitar a Jesús. Es formar parte de él o, como él mismo dijo, vivir en él. Podemos hacerlo al nivel de la conciencia pasando a formar parte del interminable proceso que convierte la separación en unidad. Nuestra vida pertenece a ese proceso tanto como la vida del Mesías.